MÉMOIRE

QUI A REMPORTÉ LE PRIX

EN L'AN X,

SUR CETTE QUESTION PROPOSÉE

PAR L'INSTITUT NATIONAL :

« Quels sont les moyens de perfectionner en France
» l'institution du Jury ? »

PAR LE C.en BOURGUIGNON,

Juge au Tribunal criminel de Paris.

Nos autem, quoniam leges damus populis liberis . . .
accommodabimus hoc tempore leges ad illum quem
probamus civitatis statum. *CICERO, de Legib. lib. III.*

A PARIS,

DE L'IMPRIMERIE DE LA RÉPUBLIQUE.

Prairial an X.

Se trouve
A Paris, chez RONDONNEAU, au Dépôt des lois, place du Carrousel.

PRÉFACE.

LES législateurs vulgaires qui ont pensé que pour assurer la prospérité d'un État, il suffisait d'épurer les mœurs et de faire de bonnes lois, n'ont obtenu qu'un succès éphémère : les mœurs se sont successivement altérées, corrompues, soit par les progrès du luxe, soit par les fréquentations que nécessite le commerce, soit par d'autres causes qui, agissant d'une manière insensible, ont eu des résultats non moins funestes ; la dépravation des mœurs a fait tomber les meilleures lois en désuétude, et le bel édifice qu'ils avaient prétendu élever à la félicité publique, s'est écroulé, parce qu'ils avaient bâti sur le sable. Mais les hommes de génie qui ont voulu jeter en bronze l'organisation politique de leur pays, ont agi bien différemment : ils ont créé beaucoup d'institutions et peu de lois, parce qu'ils ont pensé que les bonnes institutions maintiendraient les bonnes mœurs, et suppléeraient même aux bonnes lois.

« Je regarde les nations modernes (disait
» l'immortel auteur du *Contrat social*), j'y
» vois force faiseurs de lois et pas un législa-
» teur. Chez les anciens j'en vois trois princi-
» paux qui méritent une attention particulière,
» *Moïse*, *Lycurgue* et *Numa* : tous trois ont
» mis leurs principaux soins à des objets qui
» paraîtraient à nos docteurs, dignes de risée;
» tous trois ont eu des succès qu'on jugerait
» impossibles s'ils étaient moins attestés. » Les assemblées politiques qui ont exercé le pouvoir suprême durant la révolution française, n'ont que trop justifié ce reproche contre les modernes : elles ont porté une multitude effrayante de lois, à peine ont-elles ébauché trois institutions ; un *calendrier*, l'*uniformité des poids et mesures*, et la *procédure par jurés.*

Les deux premières n'ont aucun rapport à mon sujet.

A l'égard de la troisième, elle est celle de toutes les institutions sociales qui doit avoir le plus d'influence sur la sécurité et sur le bonheur des individus, parce qu'elle assure la liberté civile; elle est aussi le plus ferme appui du Gouvernement, parce qu'elle rend plus léger et plus doux le joug salutaire des lois. Le jugement par jurés écarte toute idée de prévention, d'arbitraire, d'oppression; il emporte avec lui un tel caractère de justice, d'équité, que l'individu condamné ne saurait inspirer ni intérêt ni pitié; son châtiment remplit parfaitement l'unique objet des lois pénales, en ce qu'il effraie, par l'horreur qu'il inspire, ceux qui seraient tentés d'imiter le coupable. La société, en confiant aux jurés le pouvoir redoutable d'infliger les peines, place son Gouvernement dans l'heureuse impuissance de devenir tyrannique; elle le met à l'abri de la responsabilité morale des erreurs et des fautes que des magistrats préposés par lui à la distribution de la justice criminelle pourraient commettre. Le Gouvernement appuyé sur cette institution, paraît absolument étranger aux actes de sévérité : il exerce sans mélange la plus belle partie de la puissance publique; dispensateur suprême des faveurs et des grâces, son autorité, comme celle de la Providence, n'étant signalée que par des bienfaits, n'inspire que des sentimens de vénération et de reconnaissance.

De là la conséquence qu'un Gouvernement

sage et éclairé doit desirer l'établissement du jury.

Mais comment se fait-il que cette institution n'ait pas rempli jusqu'à présent l'espoir des Français ? S'il faut en croire quelques esprits superficiels ou inconsidérés, c'est parce que cette institution est incompatible avec le génie et le caractère de la nation, et que nous n'avons pas assez de vertus pour nous l'approprier. * Je ne m'attacherai pas à réfuter cette étrange opinion, imaginée par la malveillance, soutenue par la sottise. Un peuple qui a fait des efforts si grands, si constans, si généreux, pour conquérir sa liberté, a invinciblement prouvé qu'il était digne de jouir des institutions qui sont de l'essence même de la liberté : il n'est pas plus permis de douter de son caractère,

* On ne cesse de répéter qu'il n'existe pas assez d'esprit public en France ; c'est une erreur, une vraie pétition de principe. L'esprit public est le résultat nécessaire d'une bonne organisation sociale ; il ne peut exister là où il n'y a point d'institutions libérales, parce qu'il ne peut y avoir d'effet sans cause : ainsi, loin qu'il faille supprimer les bonnes institutions sous le prétexte vrai ou supposé qu'il n'y a pas assez d'esprit public, il faut au contraire les multiplier pour améliorer l'esprit public.

de son énergie, de ses vertus, que de sa bravoure et de son courage.

Les hommes instruits qui ont observé avec soin la marche des événemens, ont reconnu que le peu de succès de cette institution en France ne provenait que de la mauvaise organisation du jury : ils ont dû reconnaître aussi que l'organisation du jury n'avait pu se perfectionner pendant la durée de la révolution, par la raison que cette organisation, pour être parfaite, devant concorder avec les bases du pacte social, il avait été absolument impossible d'établir cette concordance avant que les principes de la constitution fussent irrévocablement fixés. Cette vérité sera développée dans le préambule et dans la première partie de cet ouvrage.

Pour perfectionner cette institution, il faut donc la réorganiser sur de nouvelles bases, plus analogues au système politique qui nous régit et à l'ensemble de notre législation nouvelle. Les leçons de l'expérience et les grands modèles que l'on peut consulter, faciliteront cet important ouvrage : c'est dans ces deux sources fécondes, et dans mes relations journalières avec les magistrats respectables qui composent avec moi le tribunal criminel de la Seine, que j'ai puisé les moyens que je vais proposer.

Les détails dans lesquels je dois entrer paraîtront peut-être fastidieux ; mais il s'agit de régulariser le seul mode de justice criminelle compatible avec la liberté civile. Ce mode ou vraiment cette institution ingénieuse et sublime, célébrée par les publicistes les plus estimés, a obtenu un plein succès chez tous les peuples libres : et si l'on considère que c'est à cette institution que les Anglais et les habitans des États-Unis doivent la grande supériorité de leur système social ; que la nation française en y renonçant se placerait bien au-dessous de ces deux nations, ses rivales dans l'ordre de la perfectibilité sociale ; l'intérêt qui naîtra de ces hautes considérations, ne permettra pas d'apercevoir la sécheresse de la discussion.

MÉMOIRE

SUR

LES MOYENS DE PERFECTIONNER

EN FRANCE

L'INSTITUTION DU JURY.

Les connaissances que l'on a acquises dans quelques pays et que l'on acquerra dans d'autres, sur les règles les plus sûres que l'on puisse tenir dans les jugemens criminels, intéressent le genre humain plus qu'aucune chose qu'il y ait au monde.

Esprit des lois, liv. XII, ch. 2.

PERFECTIONNER l'institution du jury, c'est soustraire l'innocent aux funestes effets de la prévention, à l'influence de l'arbitraire, aux atteintes de la haine et de la vengeance; c'est ôter au coupable les ressources que peuvent procurer l'intrigue et la séduction; c'est asseoir la liberté civile sur une base inébranlable. L'importance du sujet atteste tout-à-la-fois la haute sagesse des savans qui l'ont proposé, et les intentions généreuses et libérales du Gouvernement, qui manifeste la volonté la plus constante d'améliorer cette institution salutaire [1].

Je définis *l'institution du jury*, le droit garanti par la constitution de l'État à chaque citoyen, d'être jugé par ses pairs, c'est-à-dire, par des citoyens dont le ministère n'a d'autre durée que celle du procès pour lequel ils ont été choisis, et qui rentrent, immédiatement après le jugement, dans la classe commune, sans conserver ni autorité ni influence judiciaire.

Considérée sous ce point de vue général, l'institution du jury remonte à la plus haute antiquité, et paraît avoir été en vigueur chez tous les peuples libres (A).

Pour apprécier les avantages de cette institution, il est essentiel de remarquer que de tous les pouvoirs publics, celui de punir est en même temps le plus salutaire et le plus dangereux : salutaire, en ce qu'il affermit l'ordre politique, et qu'il garantit à chaque citoyen la liberté et la sûreté individuelles; dangereux, en ce qu'il devient subversif de l'ordre politique, de la liberté et de la sûreté, s'il est mal organisé.

C'est sur-tout lorsque l'exercice de ce pouvoir est

---

[1] Une commission composée de magistrats du plus grand mérite, s'occupe sans relâche, par ordre du Gouvernement, à préparer un projet de loi sur cet important objet.

(A) La note indiquée par ce renvoi est portée à la fin, ainsi que toutes celles qui seront indiquées par des lettres majuscules dans la suite du Mémoire.

confié à des magistrats perpétuels, que le danger est extrême.

Premièrement, parce que les magistrats perpétuels sont trop exposés à l'influence des pouvoirs législatif et exécutif (B). On a cru les garantir de cette influence, en déclarant le pouvoir judiciaire indépendant : mais, pour que cette indépendance ne fût pas une chimère, il faudrait, ou que les magistrats fussent inaccessibles à la crainte, aux faveurs, exempts de passions et de faiblesses, ou que les dépositaires des autres pouvoirs fussent constamment sans ambition et sans intrigue ; toutes les fois que le contraire arrivera, ces divers pouvoirs n'étant séparés que par d'impuissantes barrières, on verra des magistrats céder à la crainte ou succomber à la séduction, devenir les fauteurs du despotisme, et employer à détruire la liberté, le pouvoir qui leur avait été confié pour la défendre.

Secondement, parce qu'en supposant qu'il fût possible de rendre les magistrats de l'ordre judiciaire absolument indépendans, il serait encore à craindre qu'ils n'abusassent de leur indépendance en exerçant le droit terrible de punir. En général, la sûreté de la liberté civile diminue à proportion que l'arbitraire des juges augmente. Ce droit de punir est en effet d'autant plus terrible, qu'il n'agit pas, comme le pouvoir législatif, sur la masse entière de la société, mais qu'il *saisit l'homme individuellement*, et qu'il agit sur lui *avec toute la puissance de l'opinion et toute la force publique.* Si le magistrat chargé d'exercer un tel pouvoir *à perpétuité* est indépendant, croit-on qu'il puisse être perpétuellement impassible? Les passions à la longue percent à travers la toge [1]; et jamais elles ne produisent des effets plus funestes, que lorsqu'elles dirigent la balance et le glaive de la justice. D'ailleurs, l'homme n'est pas né pour exercer constamment des rigueurs envers ses semblables : celui qui passe sa vie à remplir d'aussi pénibles fonctions, éprouve une espèce d'altération morale; l'indulgence, la sensibilité, et les plus douces affections de la nature, s'effacent successivement de son ame; le spectacle journalier des forfaits et des crimes, l'habitude de punir, *déshumanisent,* pour ainsi dire, son caractère, le rendent inflexible, cruel, impitoyable, et par conséquent dangereux à l'innocence elle-même [2].

La procédure par jurés fait disparaître tous ces inconvéniens. Choisis parmi les citoyens les plus recommandables par leur moralité et leur patriotisme, n'exerçant

---

[1] Et la vertu la plus pure
A son temps d'iniquité.
VOLT.

[2] On conçoit que cette phrase ne peut s'appliquer aux magistrats qui se bornent à instruire et à appliquer la loi : chez les peuples où la procédure par jurés est admise, les véritables juges criminels sont ceux qui sont chargés de prononcer sur la culpabilité de l'accusé.

qu'une fonction passagère et gratuite, n'étant comptables de leurs décisions à personne, sans crainte comme sans espérance, les jurés jouissent de la plus entière indépendance, et peuvent, par conséquent, prononcer avec une extrême impartialité. Leur indépendance ne peut être dangereuse, parce que leur pouvoir n'est qu'instantané : ne tenant à aucune corporation, ils ne peuvent avoir d'autre intérêt que celui de la justice ; on ne saurait faire servir le pouvoir qui leur est confié, à un système général d'oppression ou de tyrannie, puisque, pour les séduire, il faudrait séduire la masse entière des bons citoyens, et leur faire préférer l'intérêt des oppresseurs à leurs propres intérêts. Avec cette institution, le droit de punir, si redoutable parmi les hommes, est en activité, sans que personne puisse en abuser, puisqu'il n'est entre les mains de personne ; il ne peut pas exister un seul individu dans la société, dont le citoyen puisse dire en le voyant : *Cet homme a le droit de décider de mon honneur et de ma vie.* Enfin, cette manière de rendre la justice, suivant l'opinion de l'infortuné Thouret [1], est la plus voisine de l'infaillibilité ; les facultés humaines ne sauraient aller plus loin.

Il faut en convenir, l'institution du jury est incompatible avec le despotisme, par la raison bien simple

---

[1] Quatrième discours sur l'organisation du pouvoir judiciaire, lu dans les séances des 11 et 12 janvier 1791.

que le ressort de ce gouvernement étant la crainte, le despote doit avoir à sa disposition les moyens de l'inspirer et même de la perpétuer : le priver du droit de punir arbitrairement, ce serait dissiper la crainte des sujets, détruire la puissance du maître, et saper ce gouvernement par sa base. « Si le despote cesse un » moment de lever le bras, s'il ne peut anéantir à l'ins- » tant ceux qui occupent les premières places, tout est » perdu [1]. »

Par la raison des contraires, cette institution sublime doit convenir à tous les autres systèmes de gouvernement, et particulièrement à ceux qui sont établis sur la division et sur l'équilibre des pouvoirs, pourvu néanmoins que l'on ait grand soin d'employer le *mode d'exécution le plus analogue à l'organisation particulière de chacun de ces gouvernemens.* Ce mode et cette analogie sont d'une telle importance, qu'ils décident du succès de l'institution, et souvent même du sort de l'État; en telle sorte que si l'on employait, sous un régime modéré, le mode d'exécution propre au gouvernement populaire, il arriverait de deux choses l'une, ou que l'institution du jury ne subsisterait pas long-temps, ou que le gouvernement éprouverait une révolution prochaine qui en changerait le principe et les bases. Si donc l'institution du jury n'a pas eu jusqu'à présent en France tout le succès qu'on en attendait, ce n'est pas, comme

[1] Esprit des lois, *liv. III, ch. 9.*

l'ont prétendu quelques détracteurs passionnés du nouvel ordre de choses, parce que cette institution ne peut nous convenir (c), mais uniquement parce que la formation du jury et le mode d'instruction qui ont été adoptés ne se trouvent point en harmonie avec notre organisation politique.

Je vais comparer ce mode d'exécution avec ceux qui ont été suivis chez différens peuples qui ont joui de la bienfaisante institution du jury : je choisirai pour termes de comparaison, un peuple ancien qui florissait sous un gouvernement populaire, *les Athéniens ;* un autre peuple qui s'est élevé au plus haut degré de prospérité sous un gouvernement aristocratique, *les Romains ;* et un peuple moderne qui a adopté une monarchie tempérée, *les Anglais.* Le rapprochement de ces divers modes d'exécution, en faisant ressortir les vices de celui que nous suivons, facilitera le développement des moyens qui peuvent le perfectionner. C'est sur-tout quand il s'agit de modifier les institutions sociales, qu'on doit se défier de l'esprit de système. Les législateurs les plus célèbres de l'antiquité, Lycurgue, Solon, avant de réformer les lois de leur pays, allèrent étudier celles de Minos et des divers peuples des deux Grèces; les jurisconsultes les plus éclairés de Rome furent envoyés pour recueillir les principaux monumens de l'ancienne jurisprudence grecque, qui servirent de types aux lois des douze tables : imitons cette salutaire défiance; sachons profiter des découvertes, des succès, et même des erreurs des nations anciennes et modernes; les leçons de l'expérience valent mieux que des théories abstraites.

Per varios usus artem experientia fecit,
Exemplo monstrante viam.

I.re PARTIE.

De la Formation du Jury.

Pour trouver la meilleure manière de former le jury, il faut examiner, 1.° dans quelle classe de citoyens les jurés doivent être pris; 2.° s'ils doivent être appelés par le sort ou choisis par le magistrat; 3.° comment l'accusé peut concourir à leur nomination.

Et d'abord, on ne doit pas exiger que les jurés aient les mêmes talens ni la même érudition que les juges chargés d'appliquer la loi : ceux-ci doivent avoir une parfaite connaissance des formes qu'ils sont chargés d'observer, et des lois nationales, dont ils sont les dépositaires et les organes; ce qui suppose des études approfondies et une longue expérience des affaires : tandis que les jurés n'étant appelés que pour prononcer sur le fait, les simples lumières du bon sens leur suffisent (D). Le juré le plus parfait est celui qui est doué d'un esprit juste; et l'on sait que la justesse d'esprit est moins l'ouvrage de l'éducation qu'un bienfait de la nature.

Mais le point essentiel est que les jurés soient choisis parmi les citoyens les plus intéressés au maintien de ordre et du pacte social; que l'on n'admette point à ces fonctions ceux qui n'ont aucun intérêt à conserver ce pacte, ni ceux qui peuvent avoir quelque intérêt à le changer ou à le détruire : si l'on s'écarte de cette règle, l'institution du jury ne peut qu'être funeste à l'Etat. Cette proposition exige quelques développemens.

Locke a fort bien établi que, dans l'état de nature, chaque homme a le droit de faire exécuter les lois de la nature, et d'en punir les infractions; que chaque homme doit apporter d'autant plus d'intérêt dans l'exercice de ce droit, que sa tranquillité, son indépendance et sa conservation en dépendent. Mais, malgré cet intérêt individuel, rien ne garantit l'exercice de ce droit, rien n'en peut modérer les excès : si l'oppresseur se trouve le plus fort, le droit de le punir est illusoire; dans le cas contraire, la punition, dirigée par la colère, dégénère en vengeance. Ces deux inconvéniens suffiraient pour rendre l'état de nature sauvage insupportable, s'il n'était pas purement hypothétique.

Dans l'ordre social, au contraire, chaque membre s'étant dépouillé de cette portion de droit naturel, et l'ayant remis à la société, ce droit ne peut être illusoire, puisqu'il se trouve alors garanti par toute la force publique; ce droit ne doit être souillé ni par la colère ni par la vengeance, puisqu'il est alors déterminé par les lois, et que les lois étant faites pour modérer les passions, elles ne peuvent en donner l'exemple. Qu'on cesse donc d'attribuer à la nécessité de satisfaire *la vengeance publique*, les peines qui sont infligées au coupable : la société punit selon les lois, et ne se venge pas; le droit de punir qui lui est transmis, ne peut avoir d'autre objet que celui de maintenir l'ordre social en réprimant les atteintes qui y sont portées. Ainsi les peines ne doivent être employées que pour empêcher le coupable de commettre de nouveaux délits, et pour effrayer, par le spectacle de son châtiment, ceux qui seraient tentés de suivre son exemple.

Dès que la société se trouve investie du droit de punir, les particuliers cessent d'avoir un intérêt direct et individuel à s'immiscer dans l'exercice de ce droit, soit parce qu'ils ne peuvent jamais être appelés à l'exercer contre ceux qui les auraient personnellement offensés, soit parce que le droit de punir ne devant alors être employé qu'à réprimer les atteintes portées à l'ordre social, ce droit est indépendant de l'action personnelle ou civile, c'est-à-dire, de la réparation du tort fait à la partie offensée, qui peut être demandée par action séparée [1]. Ainsi, pour parler exactement,

---

[1] Tout délit donne lieu à deux actions très-distinctes : l'action publique, qui a pour objet de punir les atteintes portées à l'ordre social; et l'action civile, qui tend à réparer le tort que le délit a causé aux individus. (Code du 3 brumaire, *art. 4, 5 et 6.*) *Le droit de punir* n'est relatif qu'à la première action; il se borne à réprimer les atteintes portées à l'ordre social : l'action civile donne lieu à une action en *dommages-intérêts*, qui n'a aucun rapport au

s individus ne sont intéressés à l'exercice du droit punir, qu'en raison de l'intérêt qu'ils prennent au aintien de l'ordre et du pacte social.

Mais si, d'une part, le droit de punir a pour unique bjet de réprimer les délits qui blessent l'ordre social ; , d'un autre côté, les individus ne sont intéressés à xercer le droit de punir qu'en raison de l'intérêt qu'ils rennent au maintien de l'ordre social, j'en tire la onséquence que l'exercice de ce droit doit être confié ux citoyens les plus intéressés à maintenir l'ordre et le acte social, parce que cet intérêt est la seule garantie qu'ils puissent donner de leur zèle et de leur intégrité exercer ce droit de la manière la plus avantageuse à la société.

Supposons en effet qu'on eût l'imprudence d'appeler à l'exercice de ce droit, des personnes qui n'auraient absolument aucun intérêt à maintenir l'ordre et le pacte social : il arriverait que ces personnes ne rempliraient les fonctions de jurés qu'avec répugnance, ou tout au moins avec indifférence. Par cela même qu'elles n'auraient aucun intérêt à maintenir l'ordre social, elles ne sauraient avoir aucun intérêt à réprimer les atteintes qui y seraient portées; elles ne pourraient résister à la pitié que la nature a gravée dans tous les cœurs; elles

droit de punir ; elle peut être exercée conjointement ou séparément de l'action publique, devant les mêmes juges, ou devant des juges différens. Si l'on confondait ces deux actions, il serait impossible de s'entendre.

ne verraient dans les coupables dont on poursuivra la punition, que des malheureux à secourir : n'ayan aucun motif pour user de rigueur, ces jurés céderaien à la clémence, s'ils ne succombaient à la séduction les délits resteraient impunis; et l'impunité augmentan le désordre, produirait infailliblement l'anarchie.

Le danger serait plus grand encore, si l'on confiai l'exercice de ce droit terrible à des personnes intéressées à changer ou à détruire l'ordre établi : les juré n'ayant que leur conscience pour guide, ne sauraien déclarer criminelles des actions qui se trouveraien conformes à leurs opinions, à leur système, à leu dessein ; l'intérêt étant communément la mesure des actions des hommes, il serait à craindre qu'ils n'employassent le pouvoir qui leur serait confié, à protéger les violations du pacte social, et à opprimer ceux qui en seraient les plus fidèles observateurs (E).

Mais ces dangers s'évanouissent, si le droit de punir est placé dans les mains des citoyens les plus intéressés au maintien de l'ordre et du pacte social. Ils usent de sévérité envers les coupables, parce que leur intérêt, qui se confond avec l'intérêt social, les y oblige; ils s'empressent de secourir les innocens, parce que l'ordre serait troublé, le pacte social viole, si un innocent était puni : plus ils sont attachés à l'intérêt général, et plus ils emploient de zèle, d'équité, de justice et d'impartialité dans leurs jugemens.

Il faut donc éloigner de ces fonctions vraiment

viques, tous ceux qui n'ont aucun intérêt au maintien de l'ordre et du pacte social, ou qui ont un intérêt contraire; et dans ce nombre se placent naturellement les étrangers (F), les individus *décriés pour leur dépravation,* ceux qui, n'ayant *rien à perdre,* ont l'espoir de trouver leur avantage dans un grand désordre, &c.[1]

Il faut encore en éloigner les dépositaires des différens pouvoirs législatif, exécutif, administratif; parce qu'étant entraînés par un penchant irrésistible qui les porte sans cesse à accroître leur autorité, et par conséquent à altérer l'économie du système politique, ajouter à leur puissance le droit de punir ou seulement d'influer sur les jugemens criminels, ce serait détruire l'équilibre des pouvoirs, et favoriser leurs dispositions à la tyrannie.

Si l'on applique cette règle au gouvernement populaire fondé sur l'égalité des droits, on pourra, sans inconvénient, composer le jury des citoyens les moins favorisés de la fortune, parce qu'ils seront les plus intéressés à maintenir *l'égalité,* principe de ce gouvernement, à contenir les magistrats dans les limites des pouvoirs qui leur sont attribués, et à réprimer les entreprises des ambitieux qui cherchent sans cesse à usurper l'autorité. Dans un gouvernement aristocratique, au contraire, tous les pouvoirs étant concentrés

---

[1] *Dominationem expectant, rerum potiri volunt : honores, quos quietâ Republicâ desperant, perturbatâ consequi se posse arbitrantur.* Cic. in Catilin. II.

dans les mains d'un petit nombre, on ne pourra chois les jurés que dans les castes privilégiées : la multitud étant dans la dépendance, n'ayant aucun intérêt à main tenir ce système de gouvernement, et pouvant en avoi à le changer, n'exercerait pas le pouvoir judiciaire d la manière la plus utile à l'État. Enfin, dans une mo narchie modérée, qui admet des rangs, des distinction et une grande inégalité dans les fortunes, il serait auss impolitique que dangereux de confier le droit de puni à ceux qui ne participent pas aux faveurs de la fortune : les propriétaires peuvent seuls, sous ce régime, être appelés à former le jury, comme étant les plus intéressés à garantir les propriétés, à faire prospérer le commerce, et à maintenir un gouvernement qui leur est favorable.

L'expérience de tous les âges vient confirmer cette théorie. A Athènes [1], les hautes magistratures étaient, à la vérité, attribuées aux citoyens riches : mais le peuple, sans aucune distinction de fortune, était appelé à remplir dans les dix tribunaux les fonctions de juges (absolument semblables à celles de jurés parmi nous) ; chaque tribunal était présidé par l'un des archontes, qui tirait au sort et convoquait les juges, sans prendre aucune part à leur délibération. Le nombre des juges, qui était rarement au-dessous de cinq cents,

[1] *Aristot. de Rep.* lib. II, cap. 12. = *Plut. in Solon.* pag. 88. = *Aristoph. in Plut.* = *Poll.* lib. VIII, cap. 10. = Traité de la jurisprudence et des lois d'Athènes, par l'abbé Auger.

élevait souvent au-dessus, suivant l'importance de la cause. C'est ainsi que le législateur était parvenu à tablir une sorte d'équilibre entre les riches et les pauvres. Ces derniers, qui avaient une grande prépondérance dans les tribunaux, punissaient sévèrement les abus de pouvoir, les atteintes portées aux droits du peuple, et assuraient par ce moyen le succès et la permanence de la *démocratie.*

A Rome [1], la connaissance des affaires criminelles fut attribuée à des tribunaux appelés *quæstiones perpetuæ.* Chaque question était composée d'un préteur qui la présidait, d'un juge de la question chargé de l'instruction, et des juges de fait ou jurés, dont le nombre variait suivant la nature du délit. Les juges du fait étaient tirés au sort sur une liste de quatre cent cinquante citoyens, qui était renouvelée chaque année par le préteur. La condition de ces juges éprouva les mêmes variations que le gouvernement. Ainsi, tandis que le parti aristocratique eut la prépondérance, on ne put inscrire sur la liste des juges que des citoyens pris dans l'ordre des sénateurs : lorsque C. Gracchus voulut faire prévaloir le parti populaire, il fit porter la fameuse loi *Sempronia,* qui ordonna de les choisir dans l'ordre équestre. Des lois subséquentes firent passer ce privilége,

---

[1] *Voyez* la note (A) à la fin ; = *Sigonius de judic.* cap. 4 et 5 ; = *Thomasius, Dissert. de origine proces.* ; = Loi *Sempronia C. Gracchi* ; loi *Servilia Cæpionis* ; loi *Servilia Glauciæ* ; loi *Livia Drusi* ; loi *Plautia Silvani* ; = *Tacit. Annal.* lib. 1.

tantôt dans l'ordre des sénateurs, tantôt dans celui de chevaliers, tantôt dans les deux ordres conjointement le tribun Plautius parvint même à y faire participer le plébéiens; et ces divers changemens furent toujours l résultat des événemens politiques : tant on mettai d'importance à rattacher le pouvoir judiciaire au part le plus intéressé à maintenir le système prédominant Dans la suite, l'établissement du despotisme ayant entraîné la suppression des juges de fait ou jurés, la connaissance des crimes de lèse-majesté fut attribuée au sénat; celle des autres délits, à des juges créés par la volonté des empereurs. Alors la tyrannie exerça paisiblement ses ravages, et le peuple romain tomba dans le dernier degré d'avilissement.

En Angleterre [1], les jurés sont choisis parmi les francs-tenanciers. L'équilibre de spouvoirs y étant établi de manière à ne laisser aucune rivalité dangereuse dans les différens ordres de l'État, la différence des castes n'influe point sur le choix des jurés : le principal objet de la constitution étant de garantir à chaque citoyen la sûreté de sa personne, sa liberté individuelle et sa propriété, ceux qui sont propriétaires sont les plus intéressés à réprimer les atteintes qui y seraient portées, par la raison bien simple que tous les citoyens ayant un intérêt égal à la conservation de la sûreté et de la liberté individuelles, les propriétaires ont, de plus que les

[1] Blackstone, Delolme.

autres, un très-grand intérêt au maintien des propriétés, et par conséquent un motif plus puissant de soutenir et de défendre la constitution.

Les lois françaises ont-elles établi les mêmes rapports entre l'intérêt des jurés et l'intérêt de la société ? C'est ce qu'il faut examiner. Le code du 16 septembre 1791 et celui du 3 brumaire an 4 avaient appelé aux fonctions de jurés, tous les citoyens remplissant les conditions requises pour être nommés électeurs [1]; et l'on sait que, sous l'empire de la constitution de 1791, il suffisait, pour être éligible, de réunir à la qualité de citoyen actif, celle de propriétaire ou d'usufruitier d'un bien produisant un revenu égal en valeur à cent cinquante journées de travail, ou celle de locataire d'une habitation de la même valeur, ou enfin celle de fermier ou métayer de biens évalués à quatre cents journées de travail [2]. La constitution de l'an 3 donna encore plus de latitude aux élections, puisqu'elle admit les locataires d'une habitation évaluée à cent journées, et les fermiers et métayers de biens évalués à deux cents journées de travail [3].

Voilà donc trois sortes de personnes qui pouvaient

---

[1] Code du 16 septembre 1791, *titre II, art. 2.* = Code du 3 brum. an 4, *art. 483.*

[2] Const. de 1791, *chap. 1.er, §. 2, art. 7.* Je n'entends parler ici que des élections dans les communes au-dessous de six mille ames.

[3] Const. de l'an 3, *art. 35.*

être jurés ; des propriétaires, de simples locataires, et des fermiers ou métayers.

En général, tout propriétaire peut bien être considéré comme intéressé à maintenir le système social que nous avons adopté, puisqu'il y trouve la garantie de sa propriété, et que le bouleversement de ce système la compromettrait infailliblement : cependant on ne peut dissimuler que ceux qui ne jouissent que de 150 à 200 francs de revenu ne peuvent subsister eux et leur famille, qu'en suppléant par un travail assidu à l'insuffisance de leur fortune ; que les contraindre à employer une partie de leur temps au service gratuit du jury, c'est leur rendre ce service extrêmement onéreux ; que d'ailleurs la modicité de leur fortune leur permettant rarement de sortir de la sphère des travaux champêtres ou mécaniques, il en est un grand nombre qui sont sans instruction, sans aucune notion précise des hommes et des choses, par conséquent dépourvus de ces connaissances premières qui sont indispensables pour juger sainement.

Ces dernières observations s'appliquent aussi aux simples locataires, fermiers et métayers dont les prix de ferme ou de louage n'excèdent pas 100 ou 200 francs. Mais il y a quelque chose de plus à l'égard de ces derniers : rien ne constate, rien ne fait même présumer qu'ils aient un intérêt quelconque au maintien de l'ordre social ; car, comme je l'ai déjà observé, sous un gouvernement modéré, c'est la propriété, ou une certaine fortune, qui peuvent inspirer cet intérêt, et l'on ne peut pas dire que celui qui s'engage à payer un loyer aussi modique, soit censé propriétaire, ni présumé jouir d'une certaine aisance; il n'est pas de pauvre artisan logé en boutique, qui ne paie un loyer équivalent ou supérieur; le fermier dont le prix de ferme ne s'élève qu'à environ 200 francs, n'est pas à l'abri de la misère. En un mot, je n'aperçois aucun rapport entre devoir un prix de louage ou de ferme de 100 à 200 francs, et avoir les qualités nécessaires pour remplir les fonctions de juré; d'où il suit que cette condition est insuffisante et nulle.

On ne doit pas être surpris que le jury, fondé sur une base aussi défectueuse, n'ait pas toujours répondu à l'espoir qu'on en avait conçu. En admettant aux fonctions de jurés, des citoyens sans fortune, on devait s'attendre que ces citoyens s'y trouveraient souvent en majorité, la classe des pauvres étant plus nombreuse que celle des riches; que par conséquent le jury serait quelquefois composé de citoyens incapables, comprenant à peine les questions proposées, faisant des réponses absurdes ou contradictoires, remplissant leurs fonctions avec une extrême négligence, regrettant la perte de leur temps, susceptibles de toute sorte de préventions et même de la plus facile séduction, tolérant les délits politiques, fiscaux, et quelquefois même les atteintes portées à la propriété: c'est ce qui est arrivé, et ce qui pouvait entraîner à la longue la chute de l'institution. Vainement on s'était flatté que les administrateurs chargés de faire les listes, suppléeraient par de bons choix à l'insuffisance de la règle : l'expérience de plusieurs années a prouvé que les magistrats ne sont pas plus sages que la loi ; ils sont institués pour la suivre, et non pour la corriger.

Peut-être m'opposera-t-on l'exemple d'Athènes, que j'ai déjà cité ; le peuple, sans aucune distinction de fortune, y exerçait le pouvoir judiciaire avec beaucoup de sagesse. Mais il ne faut pas perdre de vue qu'il existait à Athènes un gouvernement populaire fondé sur l'égalité ; que les citoyens les moins riches étaient les plus intéressés à le maintenir, et que c'était l'exercice du pouvoir judiciaire qui leur en donnait les moyens ; que d'ailleurs les Athéniens, étant servis par de nombreux esclaves, avaient beaucoup de loisir : passant une grande partie de leur temps dans les assemblées du peuple, dans les tribunaux, dans les spectacles, s'occupant journellement de législation, de politique et de fonctions judiciaires, ils étaient généralement plus exercés et plus instruits que ne sauraient l'être ceux qui vivent sous un gouvernement représentatif. D'après cela il est aisé de voir que les mêmes principes qui firent admettre dans les tribunaux de cette république démocratique, les citoyens qui ne possédaient aucun bien, doivent les en éloigner sous un gouvernement modéré.

Il est à remarquer qu'à l'époque où le code de 1791 fut décrété, l'esprit de démocratie agitait presque toutes les têtes. La première constitution n'avait pas encore été révisée ; il s'agissait de donner une grande latitude aux droits politiques que les citoyens pourraient immédiatement exercer ; et l'on crut pouvoir, sans inconvénient, leur accorder la faculté de défendre ces mêmes droits, en les faisant participer sans distinction au pouvoir judiciaire : mais à mesure que nous nous sommes éloignés du gouvernement populaire, on a dû chercher un mode d'exécution plus analogue au nouveau système politique, parce que, je le répète, la perfectibilité de la procédure judiciaire dépend de son analogie plus ou moins grande avec les bases du pacte social.

On a rendu hommage à cette vérité en abrogeant le mode établi par le code de 1791 et par celui de l'an 4, pour former la liste des jurés. La loi du 6 germinal an 8, qui a établi un nouveau mode, s'exprime ainsi : « Lorsque les listes d'éligibles seront formées, les » jurés d'accusation ne pourront être pris que *dans les* » *listes communales,* et ceux de jugement, *dans les listes* » *départementales.* » Or on sait que, suivant la constitution de l'an 8, pour être éligible, il n'est pas besoin de payer d'impositions, ni de jouir d'un certain revenu ; il suffit d'obtenir la majorité des suffrages.

Ce nouveau mode me paraît renfermer encore des inconvéniens graves. Et d'abord, peut-on raisonnablement espérer que le peuple mettra plus de discernement et de sagacité dans ses choix, que n'en mettaient les administrateurs qui en étaient ci-devant chargés ?

En second lieu, comment une simple *liste de présentation* à des fonctions publiques peut-elle être en même temps une *liste de* NOMINATION DÉFINITIVE de jurés? Les qualités nécessaires aux uns sont-elles précisément celles qui conviennent aux autres? pourquoi les seconds passeraient-ils par une seule filière, tandis qu'on en exige deux pour les premiers? Le choix des jurés ne mérite-t-il pas d'être fait avec autant de soins et de précautions? leurs fonctions ne sont-elles pas autant et même plus importantes que celles des fonctionnaires publics [1]?

En troisième lieu, si l'on porte indistinctement sur cette liste les indigens et les riches, les propriétaires et ceux qui ne le sont pas, cette liste sera entachée de la même imperfection que les précédentes. Que deviendra la garantie qui doit naître de l'intérêt des jurés au maintien de l'ordre social! L'inscription des indigens sur la liste des éligibles pourra bien exciter en eux l'ambition et le desir de parvenir aux dignités; mais s'ils n'ont ni propriété ni fortune, ils n'éprouveront pas cet *intérêt conservateur*, qui, dans un État constitué comme la France, est le véritable intérêt national.

[1] Le tribunal de cassation a fait une remarque qui m'a affermi dans mon opinion : « On a bien de la peine à croire qu'on puisse, » sans danger, prendre au sort les jurés d'accusation dans les listes » communales, qui montent ensemble à cinq ou six cent mille; ce » qui en fournit quinze cents par arrondissement. » Voyez les *Observations présentées par ce tribunal au Gouvernement, imprimées en exécution d'un arrêté des Consuls du 23 nivôse an 9*, page 57.

Il est aisé de voir que, si les listes communales et départementales me paraissent défectueuses, ce n'est qu'en les considérant comme *listes de jurés*, et non comme listes d'éligibles ; car je suis loin de penser qu'il faille exclure des fonctions publiques ceux qui n'ont ni propriété ni fortune : il peut d'autant moins y avoir de danger à les y admettre, qu'ils sont, en cette qualité de fonctionnaires publics, soumis à des lois, à des réglemens, à une hiérarchie de pouvoirs, responsables de leurs fautes, intéressés à bien remplir leurs devoirs, soit pour conserver leurs places et leurs appointemens, soit pour en obtenir de plus avantageux. On conçoit aisément que, dans cette position, on doit moins avoir égard à la fortune des éligibles qu'à leurs talens et à leur capacité ; mais il n'en est pas ainsi des jurés, dont les fonctions sont gratuites. Quoiqu'ils aient à prononcer sur la fortune, la vie et l'honneur des hommes, ils ne sont soumis à aucune responsabilité ; leurs décisions sont définitives, leurs erreurs irréparables ; ils n'ont de règle que leur volonté, de censeur que leur conscience. Dans cet état d'indépendance absolue, comment espérer que leurs jugemens seront toujours conformes à l'intérêt national, si l'on n'a pas attention de les choisir parmi les citoyens dont l'intérêt individuel se confond avec ce même intérêt national ! comment peut-on espérer qu'ils puniront les atteintes portées aux propriétés, s'ils n'ont eux-mêmes aucune propriété, et s'ils sont du nombre de ceux qui croient avoir le plus à se plaindre de la grande disproportion des fortunes?

Dira-t-on qu'il est vraisemblable que l'on ne portera sur les listes communales et départementales que des propriétaires intéressés au maintien de l'ordre social? Mais sur quoi pourra-t-on fonder cette présomption? Ne peut-on pas dire, au contraire, que l'objet principal de ces listes étant de servir à la nomination des fonctionnaires publics, les citoyens, en les formant, auront plus d'égard à l'instruction, aux talens, à la capacité des candidats, qu'à leur fortune et à leur intérêt social, parce que cet intérêt qui est indispensable pour former un bon juré, n'est qu'une qualité secondaire pour un fonctionnaire assujetti à des règles constantes, à la surveillance de ses chefs, excité par l'émulation et par son intérêt individuel à bien remplir les devoirs de sa place? Ainsi, par exemple, si un jeune homme sans fortune, mais avec quelques germes de talens, de l'activité, de la chaleur, de l'ambition, se trouve ballotté avec un père de famille entièrement livré à l'exploitation d'une propriété foncière ou à l'exercice d'une profession laborieuse, le premier sera porté par préférence sur la liste des candidats destinés à remplir les fonctions publiques, tandis que, s'il s'agissait de la nomination d'un juré, le second inspirerait plus de confiance, comme étant plus intéressé au maintien de l'ordre social.

D'ailleurs, tous les citoyens, sans distinction de

ortune, devant concourir à la formation de ces listes, et es propriétaires n'étant pas en général les plus nombreux, ne pourra-t-il pas arriver qu'un grand nombre l'indigens ou d'individus intéressés au désordre soient portés sur ces listes par l'effet d'une cabale? Cet événement ne sera pas d'une grande importance relativement à la nomination des fonctionnaires publics, puisque les magistrats suprêmes chargés de les nommer, pourront déjouer par leurs choix les efforts de l'intrigue; mais si de pareilles listes sont prises pour listes de jurés, il pourra souvent arriver que le droit de punir sera livré à des mains perfides qui pourront impunément en abuser : l'inconvénient que l'on veut éviter, subsistera dans toute sa force.

En quatrième lieu, n'est-il pas à craindre que la liste de notabilité départementale ne puisse suffire pour le service du jury de jugement, sur-tout dans le département de la Seine? Le nombre de notables s'élève, à la vérité, à treize cent quatre-vingt-dix: mais, pour en faire une liste de jurés, il faut en retrancher, 1.° les notables de droit; 2.° ceux qui sont absens pour service public; 3.° les notables qui ont moins de trente ans, et plus de soixante; 4.° ceux qui remplissent les fonctions de maires, de juges de paix, d'adjoints, de greffiers, de commissaires du Gouvernement, de commissaires de police, de percepteurs d'impositions, et autres fonctions incompatibles ou trop assujettissantes : ce qui réduit le nombre de ceux qui pourront se livrer aux fonctions de jurés, à environ cinq cents. Comment pourront-ils suffire pour faire ce service pendant trois années consécutives, tandis que les listes générales de jurés qui étaient dressées en exécution de la loi du 6 germinal an 8, excédaient le nombre de mille, et étaient renouvelées tous les trois mois ? Ceux qui connaissent le nombre d'affaires criminelles qui se jugent annuellement à Paris, les murmures et les plaintes des jurés qui sont trop fréquemment appelés, pourront apprécier cet inconvénient.

En cinquième lieu, attribuer les fonctions de jurés aux seuls citoyens inscrits sur la liste des éligibles, n'est-ce pas en exclure formellement les quatre-vingt-dix-neuf centièmes des citoyens ? n'est-ce pas investir les éligibles d'un grand pouvoir, leur donner une influence politique, les transformer en un corps de magistrature ? n'est-ce pas dénaturer en quelque sorte l'institution du jury, qui ne permet pas que les jurés aient un caractère public, ni une autorité permanente ?

Sous ce dernier rapport, on peut dire que si le jury français a été dans son principe un peu trop populaire, on lui a imprimé par la loi du 6 germinal an 8 une légère teinte d'aristocratie; en sorte qu'après avoir imité les formes attiques, nous sommes revenus à celles de Rome, quoique nous différions autant des Romains que des Grecs.

Il convient de nous rapprocher le plus possible de la procédure anglaise, reconnue pour la plus parfaite i ait existé : elle doit d'autant mieux nous convenir, 'il y a une grande analogie entre le système social, s mœurs et les usages des deux peuples ; nous avons, omme les Anglais, un gouvernement représentatif ondé sur la liberté et le maintien des propriétés ; omme eux, nous n'avons point d'esclaves ; comme ux, nous avons le plus grand intérêt à maintenir la ivision des pouvoirs et l'indépendance du pouvoir udiciaire ; l'agriculture, le commerce, les lettres et les rts fleurissent aussi bien sur les rives de la Seine que sur les bords de la Tamise.

Or les lois anglaises n'admettent aux fonctions de jurés que les *francs-tenanciers* [1] du comté où s'est commis le délit ; c'est-à-dire, les propriétaires en franc-fief d'immeubles produisant dix livres sterling de revenu, que l'on désigne par ces mots, *liberi et legales homines de vicineto* (G). Pour nous rapprocher de cette première base, et éloigner ceux qui n'ont aucun intérêt ou qu'un faible intérêt au maintien du gouvernement, il serait peut-être à propos d'exclure des fonctions de jurés les propriétaires d'immeubles dont le revenu net, calculé d'après les fermages ou les impositions foncières, ne s'élève pas à *deux cent cinquante francs.*

Mais faudra-t-il, à l'exemple des Anglais, prononcer l'exclusion absolue des commerçans, rentiers et autres

---

[1] Blackstone, *tom. V, chap. 23, pag. 156 ; tom. VI, chap. 27, pag. 374*; édit. de Bruxelles, 1776. = Delolme, *tom. I, chap. 12, pag. 67.*

qui n'ont aucune propriété foncière ? Il me semble q ce serait porter trop loin la défiance; ils sont les uns les autres intéressés à maintenir le gouvernement q les protége, et à faire exécuter les lois qui garantisse leurs propriétés mobiliaires, bien plus exposées que l propriétés foncières à la rapacité des ravisseurs. Ains malgré l'incertitude et la mobilité de leurs fortune on pourra sans inconvénient admettre aux fonctio de jurés les banquiers, négocians et autres soumis au patentes de première et de seconde classe, ainsi qu les rentiers et propriétaires de valeurs mobiliaires don les revenus présumés (d'après leurs cotes d'impositions s'éleveront à *deux mille francs* et au-dessus dans les com munes dont la population excédera dix mille ames, e à *quinze cents francs* dans les communes de dix mille ames et au-dessous.

Si j'ai tant insisté sur cette première base, c'est que j'y trouve la garantie de la société et des particuliers, et que je ne crois pas qu'un autre mode puisse fournir cette double garantie. En ne confiant le droit de punir, dont il est si facile d'abuser et dont les abus sont si funestes, qu'aux citoyens dont l'intérêt individuel coïncide avec l'intérêt social, il est évident que cet intérêt sera le grand mobile des jugemens criminels; que les jurés, pressés par cet intérêt irrésistible, puniront les coupables, protégeront les innocens, et rempliront ainsi le grand objet de la législation criminelle.

Dès qu'on sera parvenu à faire concorder l'intérêt

es jurés avec l'intérêt social, on aura fait un grand as vers le perfectionnement du jury.

Mais comment se prémunir contre l'immoralité ou ncapacité de ceux qui réuniraient les conditions exiées par la loi pour être inscrits sur la liste des jurés! omment éloigner ceux qui, trompant toutes les cominaisons, démentant toutes les vraisemblances, feraient xception aux règles générales! comment, dans les ffaires les plus délicates, qui exigent des connaissances articulières, pouvoir rassembler les jurés les plus insruits! c'est ce que je vais examiner en traitant la seconde question que j'ai annoncée : *Les jurés doivent-ils être appelés par le sort, ou choisis par le magistrat!*

Cette question est encore du nombre de celles qui doivent être résolues d'une manière différente, selon que le gouvernement est plus ou moins populaire. « Le » suffrage par le *sort,* » suivant l'opinion du président de Montesquieu [1], « est de la nature de la *démocratie;* » le suffrage *par choix* est de celle de l'*aristocratie.* » C'est ainsi qu'à Athènes les citoyens qui se présentaient pour être juges, étaient distribués *par le sort* dans les divers tribunaux, et que lorsqu'un individu portait une plainte, le magistrat *tirait au sort* les juges qui devaient en connaître, en sorte que la formation de la liste générale et celle de la liste particulière étaient abandonnées au sort.

---

[1] Esprit des lois, *liv. II, chap. 2.*

A Rome, au contraire, j'ai déjà remarqué que juges furent presque toujours tirés des ordres privi giés; j'ajoute qu'ils étaient *choisis* par le préteur, c faisait, chaque année, une liste de quatre cent ci quante citoyens d'une probité reconnue, dont les noı étaient de suite écrits dans le registre public, *albu judicum ;* et lorsque le préteur avait reçu légaleme une accusation, il jetait ces quatre cent cinquante non dans une urne; le juge de la question tirait au sort quantité de noms que la loi prescrivait pour ce ju gement, en présence de l'accusateur et de l'accusé ceux-ci rejetaient les noms des juges qui leur étaien suspects, on en tirait d'autres de l'urne pour les rem placer, jusqu'à l'épuisement des quatre cent cinquante le questeur ajoutait même, au besoin, un supplé ment de noms (ce qui répond au *tales* d'Angleterre) pour compléter le nombre des juges : d'où il suit que le tirage au sort n'était qu'un vain simulacre; le *choix du préteur* formait la grande liste de quatre cent cinquante; le *choix des parties* composait le tribunal [1] ou jury; c'est pour cela que les juges étaient appelés *selecti judices.*

De même, en Angleterre, c'est le sheriff de chaque comté qui *choisit* parmi les *francs-tenanciers* vingt-quatre

---

[1] *Neminem voluerunt majores nostri, non modò de existimatione cujusquam, sed ne pecuniariâ quidem de re minimâ judicem esse, nisi qui inter adversarios convenisset.* Cicer. orat. pro Cluentio. = *Cujas, Observat.* lib. IX, cap. 23. *Voyez* la note (A).

citoyens pour former le *grand jury*, ou jury d'accusation ; et quand l'accusation est admise, le même sheriff *choisit* encore quarante-huit citoyens qu'il fait paraître à l'audience pour former *le petit jury* ou jury de jugement : ce nombre est réduit à douze par le *choix* ou par les récusations de l'accusé ; de manière que le tableau des *francs-tenanciers* forme la liste générale dans laquelle sont *choisis* les jurés, et que le grand et le petit jury sont formés par le *choix* et non par le *sort*[1] : c'est ce mode de nomination qui procure en Angleterre des jurés d'une bonne moralité ; et pour me servir de l'expression de Blackstone, *omni exceptione majores.*

Ces trois exemples confirment le principe posé par Montesquieu : la nomination des juges devait être abandonnée au sort à Athènes, parce que le gouvernement d'Athènes était démocratique ; elle a dû être le résultat du choix à Rome et en Angleterre, parce que l'un de ces gouvernemens était aristocratique, et que l'autre est modéré. Hé bien, ces exemples (et tant d'autres conformes que je pourrais citer) ne sont pas suivis en France ; le principe y est ouvertement violé, en ce que les jurés y sont appelés *par le sort*, quoique le gouvernement n'y soit pas démocratique.

L'esprit public et le grand nombre de jurés à Athènes pouvaient corriger à un certain point les défectuosités du sort : mais en France, où l'égoïsme isole les citoyens,

---

[1] Blackstone, Delolme.

et étouffe dans l'ame d'un grand nombre d'individu l'amour de la patrie; en France, où le jury d'accusation n'est composé que de huit, et celui de jugement que de douze jurés, pouvait-on raisonnablement espérer que le sort produirait constamment une bonne composition du jury? Non, sans doute: une fâcheuse expérience a fait voir que le sort appelle fréquemment des hommes ineptes pour juger les affaires les plus difficiles; des individus plongés dans la débauche, pour venger les outrages faits aux mœurs; des fanatiques, pour réprimer des troubles religieux et politiques; des citoyens qui ne savent pas lire, pour constater des faux en écritures [1], &c. Voilà la seconde cause principale de l'imperfection de notre jury. La raison veut que la formation du jury ne soit pas abandonnée au hasard, et qu'une opération de cette importance soit au contraire le résultat de la méditation et de la sagesse. L'expérience confirme ce principe: j'en tire la conséquence, que le choix doit être substitué au sort dans la formation du jury.

Cette innovation pourra étonner ceux qui, n'ayant pas suffisamment réfléchi sur cette matière, se sont imaginé que la nomination des jurés par la voie du

[1] Il y a peu de temps que, dans un procès criminel au tribunal de Paris, le *chef du jury spécial* déclara qu'il ne savait ni lire ni signer: il s'agissait de savoir si des pièces produites pour soustraire une somme importante du trésor public, étaient fausses, ou si elles ne l'étaient pas.

sort

ort tient essentiellement à l'institution du jury; ce qui 'est pas. D'autres pourront exagérer les inconvéniens u *choix*, et les dangers de donner une trop grande nfluence sur les jugemens criminels, à ceux qui seront hargés de choisir les jurés. Mais il ne faut pas perdre e vue que tous les modes possibles ont des inconéniens, et que le problème qui nous occupe se réduit les comparer et à préférer celui qui présente le plus 'avantages et le moins d'imperfections : or le choix les jurés donne la facilité d'appeler, pour le jugement le chaque affaire, les citoyens qui ont les connaisances les plus analogues aux questions qu'il s'agit de uger, et d'éloigner de ces fonctions délicates ceux qui, étant décriés pour leur inconduite ou leur immoalité, ont néanmoins les qualités requises pour être nscrits sur la liste générale. Le choix des jurés fera donc cesser les reproches les plus graves qui ont été faits contre l'institution du jury. L'influence de ceux qui seront chargés de choisir les jurés ne saurait être dangereuse, si le choix est attribué à des magistrats honorés de la confiance publique, et si l'on ne porte aucune atteinte au droit de récusation que les lois accordent aux accusés. Enfin le mode que je propose fut admis par les Romains; il est depuis long-temps employé avec succès par les Anglais. Certes, on est bien fort quand on peut étayer son opinion sur des exemples aussi imposans.

Il reste à examiner à qui le choix des jurés devra

être confié, et comment les accusés pourront y prendre part.

Le code de 1791 et celui de l'an 4 avaient chargé de la formation de la liste générale des jurés l'autorité administrative, par préférence aux magistrats de l'ordre judiciaire. Sans doute que l'on avait craint d'accorder à ces derniers un pouvoir trop grand, une influence trop étendue; mais l'expérience a dû nous convaincre qu'il y a plus d'inconvénient à confier la formation de cette liste aux administrateurs que de danger à l'attribuer aux magistrats (H). A Rome, c'était le préteur, présidant le tribunal, qui choisissait les quatre cent cinquante citoyens à inscrire sur l'*album judicum;* en Angleterre, c'est le sheriff qui choisit les jurés, et l'on sait que le sheriff est un magistrat qui remplit aussi des fonctions judiciaires. Pour parvenir en France à la meilleure organisation possible, on pourra facilement faire concourir les autorités administratives et judiciaires au choix des jurés, en chargeant l'autorité administrative de former la liste générale sur laquelle seront portés les citoyens qui réuniront les conditions requises par la loi, en l'invitant à donner une opinion sur l'aptitude de chaque citoyen inscrit à remplir les fonctions de juré, et en attribuant aux magistrats composant le tribunal criminel la faculté de choisir sur cette liste générale un certain nombre de citoyens pour composer le tableau du jury de jugement dans chaque affaire, sauf les récusations de l'accusé. La formation de la liste générale ne sera, à la vérité, qu'une espèce de travail mécanique, puisqu'il faudra y porter, sans exception, tous ceux qui réuniront les qualités essentiellement exigées par la loi : mais les notes dont les administrateurs accompagneront cette liste, serviront à éclairer le choix réservé aux magistrats ; et ces derniers connaissant les difficultés que pourra présenter chaque affaire, appelleront, pour les juger, ceux qu'ils croiront le plus en état d'en connaître.

L'accusé ne peut concourir au choix des jurés de jugement, que pour en éloigner ceux dont il redoute la haine, la vengeance, ceux enfin dont il suspecte la partialité : pour remplir cet objet, il suffit de lui conserver la récusation. Sans doute qu'il serait superflu de rappeler ici les considérations puissantes qui ont fait admettre les récusations de l'accusé chez tous les peuples civilisés ; car je ne pense pas qu'il puisse être question d'y porter atteinte.

Mais le mode que nous avons suivi jusqu'à présent, renferme un inconvénient grave que l'on a bien su prévoir en Angleterre. Le code du 3 brumaire veut que les jurés de jugement soient tirés au sort le 1.er du mois, et que le tableau en soit remis immédiatement à l'accusé, pour le mettre à portée d'exercer ses récusations ; suivant le même code (art. 332), le jury de jugement ne doit commencer ses séances que le 15 du même mois ; en sorte que l'accusé, connaissant le nom de ses jurés quinze jours au moins avant leur réunion, peut, pendant ce long intervalle, employer auprès d'eux tous les moyens de séduction et de subornation qui sont en sa puissance. C'est ainsi que les jurés sont presque toujours obsédés par les sollicitations des personnes que l'accusé est parvenu à mettre dans ses intérêts : on emploie, pour les circonvenir, l'ascendant que leurs parens, leurs amis, peuvent avoir sur eux; on étudie leur caractère, pour profiter de leurs passions ou de leurs faiblesses; on attaque alternativement leur cœur et leur esprit; on trompe leur bonne foi; on abuse de leur vertu même : et si les magistrats les mieux intentionnés et les plus intègres n'ont pas toujours réussi à se garantir des piéges dont on les environnait, pense-t-on que des citoyens qui ont bien moins d'expérience, puissent y résister? Qu'on interroge sur ce point les présidens, juges et commissaires des tribunaux criminels : ils déclareront tous que, dans les causes d'une certaine importance, on n'a jamais manqué d'entourer les jurés d'intrigues et de séductions; et que si une multitude de crimes sont restés impunis, si de grands coupables ont été acquittés, c'est parce que les jurés avaient été circonvenus. Pourquoi les y exposer encore!

A Rome, le même vice avait donné lieu à des abus plus grands encore, que le prince des orateurs attaqua souvent avec toute la force de son éloquence; mais en Angleterre on y a remédié par un moyen fort simple, qui consiste à ne faire connaître à l'accusé les noms des urés qu'au moment de l'ouverture des débats. Voici comment cela se pratique : lorsque l'accusé est amené la barre pour être jugé, on fait paraître les quarante-huit citoyens choisis par le sheriff pour remplir les fonctions de jurés; l'accusé exerce sur-le-champ ses récusations, et le nombre étant réduit à douze, soit par les récusations, soit par le sort, ces douze jurés composent le petit jury ou jury de jugement; ils entendent le débat, et jugent sans désemparer : l'accusé n'ayant eu ni le temps ni les moyens de les circonvenir, ils prononcent avec autant de liberté que d'impartialité.

Pour obtenir en France le même résultat, il faut établir aussi un mode de récusation tel, que l'accusé ne puisse pas précisément connaître, avant l'ouverture des débats, les jurés qui doivent prononcer sur son sort. Celui que je vais proposer me paraît avoir cet avantage, et doit servir de corollaire à toutes les observations précédentes; il consiste,

1.° A faire dresser, dans chaque département, une liste générale des jurés [1], dans laquelle seront inscrits les noms, prénoms, âges, professions et demeures de tous les individus âgés de trente ans et plus, qui réuniront les conditions déterminées par les articles 2, 3,

---

[1] Pour ne pas confondre ceux qui seraient portés sur cette liste générale avec ceux qui seraient choisis pour figurer sur le tableau des cent et sur le tableau des vingt-un, dont il sera parlé dans les alinéas suivans, on pourrait appeler les premiers *inscrits*, les seconds *élus*, et les troisièmes *jurés*.

4, 5 et 6 de la Constitution, pour pouvoir exerce[r] les droits de citoyens français, et qui seront en outr[e] propriétaires ou usufruitiers d'immeubles produisan[t] 250 francs de revenu, ou qui seront soumis à un[e] patente de première ou de seconde classe, ou qu[i] jouiront d'un revenu mobilier provenant de rentes o[u] autres valeurs mobiliaires quelconques, montant au moins à 2000 francs annuellement dans les communes de dix mille ames de population et au-dessus, et de 1500 francs dans les autres communes. Ces revenus seront évalués d'après les impositions foncières et mobiliaires. Ceux dont les propriétés foncières ne produiront pas les 250 francs de revenu, mais qui jouiront en outre d'un revenu mobilier suffisant pour parfaire le déficit, en ayant égard néanmoins à la différence proportionnelle établie entre les revenus fonciers et les revenus mobiliers, seront aussi portés sur la liste : ainsi, par exemple, si un citoyen ne perçoit que 125 francs de revenu foncier, c'est-à-dire la moitié de la somme exigée, mais qu'il jouisse en outre de 1000 francs de revenu mobilier, somme équivalente à l'autre moitié, il sera censé remplir la condition. Cette liste générale sera dressée par les soins de l'autorité administrative, de la manière suivante : le maire fera faire la liste générale pour sa commune, sur un tableau divisé en quatre colonnes; dans la première seront inscrits les noms et prénoms de tous les citoyens domiciliés dans sa commune, réunissant ‹s conditions ci-devant énoncées ; dans la seconde olonne , l'âge et la profession ; dans la troisième , le onseil de la mairie exprimera son opinion sur l'aptiude des citoyens à remplir les fonctions de jurés , n écrivant à côté du nom de ceux dont il pourra ttester la moralité et la capacité, le mot *apte,* et en n'écrivant rien à côté du nom des autres. Le préfet sera chargé de réunir toutes ces listes, de les soumettre au conseil de préfecture, qui exprimera aussi son opinion sur l'aptitude de chaque citoyen, en inscrivant à la quatrième colonne, à côté du nom de ceux dont il pourra attester la moralité et la capacité , le mot *apte.* Cette liste sera divisée en autant de sections que le département contiendra d'arrondissemens communaux; elle sera renouvelée tous les ans, et adressée par le préfet aux présidens du tribunal criminel et des tribunaux civils du département.

2.° Pour former le jury de jugement, le président et les deux juges composant le tribunal criminel, se réuniront le 1.er de chaque mois; et, après avoir pris connaissance de l'acte d'accusation, ils choisiront, sur la liste générale du département, cent citoyens, dont ils feront transcrire les noms, prénoms, âges, professions et demeures, sur deux feuilles de papier (1), c'est-à-dire que le président commencera à choisir et à faire transcrire les noms de trente-quatre citoyens, et chacun des juges en choisira successivement trente-trois pour compléter le nombre de cent. Les notes mises à la marge de la liste générale par le conseil municip[al] et le conseil de préfecture, leur serviront seulemen[t] de renseignemens : l'une des deux feuilles sera remis[e] à l'accusé. S'il y a plusieurs affaires de nature différent[e] à juger dans la même session, le tribunal pourra fair[e] plusieurs listes de cent, ou une seule, suivant qu'il l[e] jugera convenable.

3.° Dans les trois jours, le prévenu pourra récuse[r] *péremptoirement*, et sans motifs, cinquante des citoyen[s] portés sur la liste à lui remise; le commissaire du Gouvernement pourra en récuser aussi vingt-neuf, et les vingt-un citoyens restans composeront le jury de jugement; savoir, les douze premiers, en suivant l'ordre du tableau, rempliront les fonctions de jurés; les treize, quatorze et quinze, celles des trois adjoints[1]; et les six derniers seront appelés pour remplacer ceux des jurés ou des adjoints qui ne se seront pas rendus, soit pour cause de maladie, soit autrement.

---

[1] Si l'on jugeait convenable de supprimer les adjoints, il faudrait étendre les récusations de manière à ne laisser que dix-huit noms, douze jurés et six suppléans ; la nomination des suppléans est indispensable pour remplacer ceux des douze jurés qui font défaut, ou qui sont dans l'impossibilité de se rendre pour cause de maladie, d'absence, ou autre quelconque. Dans le cas où la cause serait de nature à durer plus d'un jour, on obligerait les suppléans à assister aux débats, pour remplacer au besoin ceux des jurés qui tomberaient malades ou qui ne pourraient suivre les débats jusqu'à la fin, conformément à la loi du 25 brumaire an 8 ; dans le cas contraire, les suppléans seraient libres de se retirer aussitôt que le jury serait complet.

4.° Si l'accusé et le commissaire du Gouvernement n'absorbent pas le nombre de soixante-dix-neuf par les récusations qu'ils sont autorisés à faire, le tribunal se réunira le quatrième jour, et choisira les douze jurés, les trois adjoints et les six suppléans, parmi les citoyens non récusés, suivant le mode indiqué pour la formation du premier tableau; mais, dans aucun cas, il ne sera donné connaissance à l'accusé, avant le jour des débats [1], des récusations exercées par le commissaire, ni des noms des citoyens restant sur le tableau et devant composer le jury.

5.° S'il y a plusieurs coaccusés, on procédera pour les récusations conformément aux articles 506, 507, 508 et 509 du code du 3 brumaire; l'article 484, qui règle les incompatibilités, sera pareillement observé.

Il est superflu d'entrer ici dans le détail des autres dispositions réglementaires qu'exigeraient les changemens que je propose; il suffit d'observer qu'en substituant le choix des jurés au sort, la distinction établie entre les jurés spéciaux et les jurés ordinaires deviendrait absolument inutile.

Cette méthode, comme celle d'Angleterre, laisserait une grande latitude aux récusations, sans exposer les jurés aux dangers de la séduction; mais elle n'aurait pas l'inconvénient d'obliger quarante-huit jurés à se

---

[1] Cette mesure est de nécessité, pour mettre les jurés à l'abri des sollicitations et des importunités de l'accusé.

déplacer, lorsqu'il n'en faut employer que quinze les seuls membres du jury seraient dans le cas d quitter leurs foyers ; et, sous ce rapport, le plan qu je propose me paraît préférable, vu sur-tout qu n'ayant pas adopté en France l'usage des tournées o assises, les tribunaux criminels ne siégeant qu'en u seul point de chaque département, le déplacemen des jurés y est plus fatigant qu'en Angleterre. La méthode anglaise, si elle était adoptée, ne ferait pas même entièrement cesser le danger de la séduction à Paris, où chaque session du tribunal criminel dure quinze jours ; car le tableau des quarante-huit pourrait bien rester secret jusqu'à l'ouverture de la session, mais il serait public dès la première audience; en sorte que les accusés qui devraient être mis en jugement à la fin de la session, auraient dix à douze jours pour faire circonvenir les jurés : si sur les quarante-huit ils parvenaient à en séduire douze, ou seulement six, ils ne manqueraient pas de diriger leurs récusations de manière à les avoir pour juges ; et l'impunité des grands coupables serait encore fréquemment le fruit de la corruption et de l'intrigue.

On ne sera pas surpris de me voir préférer la récusation péremptoire à la récusation motivée, si l'on considère que la faculté de récuser avec une entière liberté est une des bases principales de l'institution du jury, et que si l'accusé ne pouvait éloigner ceux des jurés qu'il regarde comme ses ennemis, ou qu'il croit prévenus en faveur de son adversaire, la défiance et la terreur porteraient le trouble et le désespoir dans son âme; il se croirait victime de la prévention, de la partialité ou de la haine; et quand même cette crainte ne serait pas fondée en réalité, elle pourrait souvent nuire à sa défense, et serait toujours incompatible avec la sécurité dont il doit jouir.

Mais si on l'assujettit à exprimer et à prouver les motifs de sa récusation, on le mettra presque toujours dans l'impuissance de l'exercer, parce que les motifs de haine et d'antipathie échappent très-souvent à la pénétration de celui-là même qui les éprouve : lorsque ces motifs sont sensibles et connus, il arrive souvent qu'on ne peut les exposer sans blesser les règles de la bienséance ou de la morale; enfin, il est bien rare qu'on puisse en administrer la preuve.

Je dis que les motifs de nos affections morales échappent très-souvent à notre pénétration. En effet, pourquoi, à la première vue d'un homme ou d'une femme, sent-on quelquefois une certaine sympathie qui porte à les aimer, ou une espèce d'aversion qui rend leur présence insupportable! pourquoi en voyant jouer, lutter ou combattre deux inconnus, éprouve-t-on un intérêt plus ou moins vif en faveur de l'un de ces joueurs ou de ces athlètes! Le penseur le plus profond pourra-t-il toujours démêler les véritables causes de ses propres affections morales! C'est ainsi qu'un accusé éprouve souvent une haine invincible, une défiance extrême contre un juré, sans pouvoir se rendre compte à lui-même des sen timens qui l'agitent. L'antipathie est presque toujour réciproque : mais quand elle ne le serait pas, si l'or force un accusé à accepter pour juge celui qui lui a inspiré une telle répugnance, son imagination s'exaltera par la présence du danger ; la défiance, la crainte et l'effroi altéreront sa raison, et ne lui laisseront pas toute la présence d'esprit dont il a besoin pour développer sa défense.

Supposons que les motifs d'éloignement qu'il éprouve pour un juré lui soient connus, qu'il soit instruit, par exemple, que ce juré a des liaisons criminelles avec la femme, la fille ou la sœur de son dénonciateur, où qu'il a formé le dessein de ravir la femme, la fille ou la maîtresse de l'accusé ; supposons qu'il ait vu ce juré commettre un vol, un parjure, une mauvaise action ; supposons que ce juré ait des opinions politiques absolument contraires à celles de l'accusé, qu'ils soient l'un et l'autre très-exaltés dans leur parti, &c. : l'accusé pourra-t-il alléguer ces motifs sans blesser les règles de la morale ou celles de la prudence ! S'il a la témérité de les proposer, comment les prouvera-t-il ! Si la récusation est rejetée, n'aura-t-il pas encore à redouter le ressentiment du juré, qui se croira outragé par les motifs que l'on aura forcé l'accusé à produire !

Si l'on apprécie ces considérations, on reconnaîtra que la récusation péremptoire est, sous tous les rapports, préférable à la récusation motivée ; qu'en imettant la récusation péremptoire, la récusation otivée est à-peu-près superflue; tandis qu'en abolisnt cette récusation péremptoire, il n'y aurait plus liberté dans les récusations, par conséquent plus confiance dans les jurés : l'institution du jury serait térée dans l'une de ses bases essentielles.

Ainsi, toute ma théorie, pour perfectionner l'oranisation du jury, se réduit à n'admettre aux foncons de jurés que les citoyens les plus intéressés au naintien de l'ordre et du pacte social, à en éloigner eux qui sont décriés pour leur immoralité, leur inconduite ou leur incapacité, et à appeler, pour le ugement des affaires compliquées, les citoyens qui ossèdent les connaissances les plus analogues aux lifficultés qu'il s'agit de résoudre. Mes moyens d'exécution sont simples; ils consistent à ne porter sur la liste générale que les citoyens qui jouissent d'une certaine fortune, et à substituer le choix à la voie du sort dans la formation du jury, en conservant néanmoins aux prévenus la faculté de récuser les citoyens dont ils suspecteraient l'impartialité. Un jury composé de cette manière jouira infailliblement de la confiance publique; il inspirera l'espérance à l'innocent, et la terreur au coupable. Il me reste à proposer les moyens d'améliorer la procédure qui doit être observée devant le jury d'accusation et celui de jugement.

II.e PARTIE.

De la Procédure devant le Jury d'accusatio[n] et devant le Jury de jugement.

Ce n'est pas dans la législation des anciens peuple[s] qu'il faut chercher les moyens de perfectionner la pro[-]cédure relative au jury d'accusation, puisque ce jur[y] n'y était pas connu. Le droit d'accuser était considér[é] chez les Grecs et les Romains comme une prérogativ[e] du droit de cité; tout citoyen qui avait connaissanc[e] qu'un crime avait été commis, pouvait en accuse[r] l'auteur et le poursuivre devant les tribunaux, e[n] sorte que la tranquillité publique n'avait d'autre garantie que le zèle et la vigilance des particuliers.

Mais ce zèle et cette vigilance ne pouvaient subsiste[r] sans esprit public; car il fallait un vrai dévouement pour se livrer, sans intérêt personnel, aux sollicitudes qu'entraînait une accusation suivie d'une procédure criminelle, et pour s'exposer aux peines que la loi prononçait en certains cas contre l'accusateur qui succombait : aussi voit-on que lorsque l'esprit public fut affaibli à Rome, il fallut charger des magistrats d'un ordre supérieur, *præsides* et *præfecti urbis*, et même des magistrats subalternes, *irenarchi, curiosi, stationarii* [1], de

[1] Leg. 13, ff. *de offic. præsid.* —Leg. 4, §. 2, ff. *ad leg.* Jul. *pecul.* —Leg. 7, Cod. *de accusat.* —Leg. 6, ff. *de custod. et exhib. reorum.*

poursuivre les délits pour lesquels il n'y avait point d'accusateurs ; et quand la liberté fut entièrement perdue, l'accusation et la poursuite devinrent des fonctions vénales.

En Angleterre, l'accusation ne peut émaner ni d'un simple citoyen, ni d'un fonctionnaire salarié (K). C'est LE PAYS qui accuse par le moyen d'un *grand jury*, composé des francs-tenanciers les plus considérés de la province; ces citoyens, choisis par le sheriff, ne peuvent être ni moins de douze, ni plus de vingt-trois; si l'accusation n'est admise par douze d'entre eux, le prévenu est dispensé de répondre et de subir un jugement. Le nombre, le caractère et l'intérêt des jurés servent également à garantir la tranquillité publique et la sûreté individuelle des citoyens.

Notre jury d'accusation a été établi à l'imitation du grand jury d'Angleterre; mais nous ne pouvons dissimuler qu'il est loin d'avoir acquis le même degré de perfection. Son infériorité provient évidemment de ce qu'il n'est composé que de huit jurés seulement; qu'au lieu d'être *choisis* parmi les propriétaires les plus considérés, ces jurés sont *tirés au sort*, sur une liste de citoyens dont plusieurs ne réunissent pas les qualités essentielles pour en remplir dignement les fonctions;

—Leg. 1, Cod. eod. —Leg. 1, Cod. *de curios. et station.* —Leg. 6, *nuntiatores*, ff. *ad s. c. turp.* — Leg. 1, §. *quies*, ff. *de off. præs. urb.* —Leg. 1, Cod. *de cust. reor.*

qu'ils sont obligés de s'en rapporter aux *notes sommaires* des déclarations des témoins, au lieu de les entendre en personne; et que cinq suffrages suffisent pour admettre ou rejeter l'accusation. Ne cherchons pas ailleurs les motifs de la faiblesse de notre jury d'accusation, ni les causes de ses fréquentes erreurs: elles sont une conséquence nécessaire de son organisation vicieuse, et particulièrement de la nomination des jurés par la voie du sort. N'est-il pas ridicule, je ne crains pas de le répéter, d'abandonner au sort une opération qui exige tant de discernement! Peut-on raisonnablement espérer que le hasard, toujours aveugle dans sa marche, appellera constamment pour jurés les citoyens le plus en état de l'être! N'est-il pas vraisemblable, au contraire, qu'il réunira fréquemment des citoyens incapables, faibles ou insoucians, avec des partisans ou des ennemis des prévenus; et que, lorsque le jury sera ainsi composé, on verra souvent absoudre le coupable et retenir l'innocent!

Le moyen le plus naturel d'améliorer le jury d'accusation est de le rapprocher de son modèle; pour y parvenir, voici les changemens que je propose. Lorsque le substitut du commissaire du Gouvernement aura dressé un acte d'accusation, cet acte sera remis au président du tribunal civil de l'arrondissement, lequel, après en avoir pris lecture, formera le tableau du jury d'accusation; il *choisira*, à cet effet, sur la liste générale de l'arrondissement communal,

communal [1], dix-huit jurés, en ayant tel égard qu'il jugera à propos aux renseignemens du conseil municipal et du conseil de préfecture, sur l'aptitude des éligibles; il inscrira leurs noms, prénoms, professions et demeures, sur un tableau qui sera par lui daté, signé, annexé à l'acte d'accusation, et renvoyé au substitut du commissaire dans les vingt-quatre heures: les dix-huit jurés seront ensuite assignés, à jour et heure fixes, devant le directeur du jury. Si quelqu'un d'entre eux fait défaut, ceux qui seront présens pourront statuer sur l'accusation, pourvu qu'ils se trouvent réunis au moins au nombre de douze; leur délibération sera prise à la majorité absolue des suffrages; et, en cas de partage, l'accusation prévaudra, parce que ce partage indiquera la nécessité d'une instruction et d'un examen plus approfondi de l'affaire. Je desirerais encore que les témoins fussent entendus oralement. Si l'on adopte ces changemens, il en résultera que les jurés seront pris parmi les citoyens les plus intéressés au maintien de l'ordre social, que leur nomination sera faite avec choix et discernement, et que nous pourrons dire de notre jury d'accusation, comme du grand jury d'Angleterre: Le nombre, le caractère et l'intérêt des jurés, garantissent également la tranquillité publique et la sûreté individuelle des citoyens.

---

[1] Je suppose que cette liste soit faite de la manière que j'ai ci-devant indiquée *pag. 37*, et qu'elle soit divisée en autant de sections que le département renferme d'arrondissemens communaux.

Relativement au jury de jugement, je me suis expliqué dans la première partie sur son organisation mais je me propose d'examiner ici trois questions, dont la solution importe essentiellement à l'amélioration de la procédure par jurés. 1.° Convient-il d'attribuer au jury de jugement le droit de *caractériser les délits*, ou bien faut-il réserver ce droit aux magistrats composant le tribunal criminel ? 2.° Comment les questions doivent-elles être proposées aux jurés ? 3.° Dans la délibération du jury de jugement, quel doit être le nombre de voix nécessaire pour absoudre ou pour condamner ?

La première question est d'autant plus importante, qu'elle tend à déterminer d'une manière précise la ligne qui doit séparer les attributions des magistrats de celles des jurés.

Ceux qui pensent que c'est aux magistrats qu'il appartient exclusivement de caractériser le délit, raisonnent ainsi : Il est constant que les jurés ne sont appelés que pour prononcer sur les points de fait, et que les questions de droit sont réservées aux magistrats : or les questions qui tendent à caractériser un délit, présentent toujours un point de droit à résoudre ; elles rentrent donc dans les attributions des magistrats.

Pour prouver que le *caractère du délit* comporte toujours une *question de droit* à résoudre, ils ajoutent : Aucun fait n'est réputé délit, s'il n'est déclaré tel par une loi ; car toutes les fois qu'il s'agit de savoir si un délit est constant, il faut vérifier, 1.° si le fait matériel xiste; 2.° si ce fait constitue un délit qualifié par la loi. La première question est purement *de fait;* mais la seconde est une question *de droit,* puisqu'elle oblige de comparer le fait avec la loi, pour savoir si la loi peut ou non s'appliquer au fait vérifié : elle doit donc être résolue par les juges du droit. Ainsi, par exemple, un particulier qui a signé au bas d'un écrit un autre nom que le sien, est accusé de crime de faux. Est-il constant qu'il ait signé un autre nom que le sien? Voilà la question de fait, qui doit être soumise au jury. Celui qui signe un autre nom que le sien, commet-il un faux? Voilà le point de droit, de la compétence des juges du droit [1]. *Titius* a confié son blanc-seing à *Mévius,* pour l'autoriser dans une négociation dont il l'a chargé; *Mévius* a écrit sur le blanc-seing un billet à ordre, et ce billet donne lieu à une inscription de faux. Est-il constant que *Mévius* ait écrit un billet à ordre, pour remplir un blanc-seing de *Titius*? Voilà le point de fait. En remplissant un blanc-seing par un billet à ordre, a-t-il commis *un faux* ou un simple abus de confiance? Voilà la question de droit. Ainsi, toutes les fois que l'on demande au jury, *A-t-il été commis un faux?* on pose une question mixte, qui porte sur le fait et sur le droit.

Il en est de même, continuent les mêmes juristes,

---

[1] Cette question peut être répondue diversement suivant la nature de l'écrit, la qualité du signataire, &c. L'écrit peut être un contrat ou une chanson; le signataire peut être ou partie, ou témoin, ou peut n'être ni l'un ni l'autre.

des questions aggravantes et atténuantes; ces questic présentent le plus souvent un mélange de fait et droit. Ainsi, par exemple, un voleur s'est introdu dans une maison par une fenêtre du rez-de-chaussé à hauteur d'appui; on demande *s'il a escaladé.* Le fa consiste à savoir s'il est entré par cette fenêtre; le droi si en entrant par une fenêtre qui n'est qu'à hauteu d'appui, il a commis une escalade. Supposons qu'il a cassé un carreau de vitre ou déchiré un châssis de pa pier, pour ouvrir la croisée; on demande *s'il a commi une effraction extérieure.* Le fait est de savoir si réellement il a cassé le carreau ou déchiré le papier; le droit, si cette action caractérise une effraction extérieure. Si le vol a été commis pendant le crépuscule, on demandera: *A-t-il été commis la nuit!* Pour résoudre le point de fait, il faudra déterminer l'heure précise du vol; et pour décider le point de droit, il faudra savoir si le crépuscule appartient à la nuit ou au jour, &c.

Les mêmes juristes se fondent encore sur l'article 432 du code du 3 brumaire, suivant lequel « les juges prononcent, sans désemparer, la peine établie par la loi, » ou acquittent l'accusé, si le *fait* dont il est convaincu » n'est pas défendu par elle; » et ils en tirent la conséquence, que le jury ne doit prononcer que sur le *fait matériel;* que c'est aux juges du droit à vérifier si le fait *est défendu* par la loi, ou s'il ne l'est pas, et, par conséquent, à *caractériser* le délit.

Il est aisé de voir que ce système, dont l'origine est

ès-moderne, tend à augmenter considérablement les tributions des magistrats, et à restreindre celles du ry, au point de les rendre insignifiantes et nulles. n effet, si les magistrats sont autorisés à ne soumettre jury que les *circonstances matérielles* du fait, et à se server à eux-mêmes le droit d'imprimer aux circonstances déclarées, le caractère de culpabilité qu'ils jueront à propos, il est évident que les magistrats ourront se jouer de la déclaration du jury, puisqu'ils uront la faculté de justifier les circonstances les plus graves, et de criminaliser les plus frivoles; qu'ils pourront arbitrairement faire grâce ou condamner; enfin qu'ils seront les maîtres de la cause, et que ni la société i les individus ne trouveront dans le jury la garantie éciproque qui fut l'objet de cette institution (L).

La mauvaise organisation et la faiblesse du jury constitutionnel français ont fait encore plus de partisans à ce système que les argumens que je viens d'analyser. La formation du jury étant abandonnée au hasard, et le hasard ne produisant communément rien que de très-imparfait, il était assez naturel de chercher à restreindre les attributions du jury; du moins il m'a paru que c'est ce dernier motif qui a engagé le tribunal de cassation à adopter cette opinion, dans les Observations qu'il a présentées au Gouvernement, imprimées en exécution de l'arrêté des Consuls du 23 nivôse an 9 [1].

---

[1] Pages 30, 31, 32.

« L'institution des jurés est une des plus bell
» conceptions qu'ait pu inspirer à l'esprit huma
» l'amour de la liberté réuni au desir de la sûre
» sociale. Cette grande idée consiste à confier au
» citoyens eux-mêmes la décision des faits en matiè
» de crime, afin que, faisant partie de la socié
» générale, ils voulussent la préserver du danger qu
» le crime lui fait courir, et que, pouvant un jou
» être placés au rang des accusés, ils considérasser
» sa cause comme étant la leur. Cette combinaiso
» dans les mêmes hommes, des sentimens les plu
» efficaces pour assurer la justice et l'impartialité
» constitue la nature de cet établissement; mais il
» a des inconvéniens attachés aux plus sublimes idées
» *Si LA MORALE des jurés n'est pas celle DE LA LOI*
» *s'ils sont placés dans UN TEL ÉTAT, qu'ils puissen*
» *trouver INNOCENT ce que la loi déclare CRIMINEL*
» ils commettront facilement des injustices : c'est ce qu
» arrive dans les temps de révolutions et de crises, &c

» Ce péril devient plus grand, si l'on accorde aux
» jurés le droit de prononcer en général *sur le caractèr*
» *de méchanceté de l'action*, ou sur l'intention du crime
» c'est alors qu'on verra quelquefois les actions les
» plus atroces, le plus évidemment criminelles, jus-
» tifiées par l'intention supposée, au scandale des gens
» de bien, et au grand dommage de la société.

» Il faut observer encore que les établissemens les
» plus utiles, sur-tout dans leurs commencemens, ont

besoin d'être assujettis à des règles fixes, par lesquelles on prévienne les écarts qui pourraient compromettre dans l'opinion l'établissement même, et finir par » priver la société d'une forme précieuse, faute de » l'avoir environnée des préservatifs qui en auraient » assuré à-la-fois et la pureté et la durée.

» D'après ces différentes vues, on pense que les » questions à proposer aux jurés doivent être régu- » larisées d'une manière plus précise qu'elles ne le » sont par le code.

» Un *premier ordre* de questions doit tendre à savoir, » sur chaque délit, *si chacun des faits* [1] qui forment » l'objet de l'accusation, est constant ou non.

» *Deuxième ordre.* Si chaque accusé est ou non » convaincu d'avoir commis chaque délit, ou d'y avoir » coopéré, ou d'avoir fait les différens actes auxquels » la loi attache le caractère de la complicité.

» *Troisième ordre.* Il faut, avant que les jurés pro- » noncent sur l'intention, qu'ils soient interrogés, et » répondent sur les faits circonstanciels qui sont de » nature à manifester cette intention : tels sont les » moyens employés pour l'exécution du crime, la » répétition des violences, la barbarie qui les aurait » accompagnées, &c. »

---

[1] Il est aisé de voir que dans cette phrase et les suivantes, le mot *fait* est pris pour *circonstances ;* le délit est un *fait*, et ce *fait* peut se composer de plusieurs *circonstances*.

Je n'ai rien à répondre à la considération qui paraî avoir le plus touché le tribunal de cassation, et j conviens que tant que l'on admettra sur la liste géné rale, des citoyens qui n'auront pas même un intérê présumé au maintien de l'ordre social, dont rien n garantira la moralité ni la capacité, des citoyens *don la morale ne sera pas celle de la loi, ou qui seron placés dans un tel état, qu'ils puissent trouver innocen ce que la loi déclare criminel;* tant que l'on abandonnera *au hasard* la formation du tableau particulier du jury, on ne pourra se défendre d'une extrême défiance contre un jury aussi mal organisé, et l'on sera forcé de chercher dans la sagacité des magistrats une ressource contre les erreurs et les injustices que pourrait commettre un semblable jury.

Mais si l'on fait disparaître ces imperfections; si une meilleure organisation donne un jury plus fort, plus robuste; si l'on ne porte sur la liste générale que des citoyens dont l'intérêt privé soit conforme à l'intérêt social, et qui, par cela même, ne puissent avoir d'*autre morale que celle de la loi;* si cette liste générale est encore épurée par le *choix* des magistrats, le jury ne saurait inspirer de défiance, parce que l'effet devra cesser avec la cause. Dès que le jury sera ainsi amélioré, il sera parmi nous ce qu'il fut à Athènes et à Rome, ce qu'il est en Angleterre et dans les États-Unis, l'effroi du coupable, l'espoir des innocens et le boulevart de la liberté civile : or, si on lui ôte le droit de caractériser le délit, il ne sera rien de tout cela, et l'inutilité de l'institution en opérera infailliblement la ruine.

Il faut donc envisager la difficulté sous ce dernier point de vue, et examiner si en supposant l'*organisation du jury perfectionnée*, la question qui tend à caractériser le délit, doit être attribuée aux *juges du droit* exclusivement au jury : on en trouvera facilement la solution dans l'opinion des jurisconsultes les plus éclairés, dans la législation des différens peuples qui ont admis l'institution du jury, et dans la juste appréciation des avantages et des inconvéniens qui doivent résulter de l'un et de l'autre système.

Et d'abord, je conviens du principe, que les jugemens en point de fait sont de la compétence du jury, tandis que les jugemens en point de droit doivent être réservés aux magistrats : c'est en cela principalement que consiste la distinction entre les juges du fait et les juges du droit ; distinction qui est de l'essence même du jury, qui existait à Rome dans les beaux jours de la république, comme elle existe encore aujourd'hui en Angleterre, dans les États-Unis ; distinction sans laquelle l'institution du jury ne peut se concevoir : et c'est dans ce sens que l'orateur qui présenta à l'Assemblée constituante le projet de loi sur l'établissement du jury, disait : « Toutes les fois que les mêmes personnes jugeront le fait et appliqueront la loi, rien ne sera » changé dans l'ordre actuel ; qu'on se plaise ou non à

» les appeler des jurés, ils seront toujours des juges. »

Toute la difficulté se trouve donc réduite à bien distinguer les *questions de fait*, qui sont de la compétence du jury, des pures *questions de droit*, réservées aux magistrats; et à savoir si la question qui tend à *caractériser* le délit, c'est-à-dire, à déclarer que tel fait constitue un tel délit, fait partie du point de fait ou du point de droit.

Cette distinction entre le point de fait et le point de droit, a donné lieu pendant long-temps à des discussions métaphysiques, qui ont fait plus d'une fois le sujet des querelles de l'école: mais les plus célèbres interprètes du droit se sont enfin réunis à placer parmi les questions de fait toutes celles qui tendent à connaître le fait, à en déterminer la nature, le caractère, et à savoir quelle a été la volonté, l'intention de son auteur; tandis qu'ils n'ont considéré comme questions de droit, que les questions simples, indépendantes des circonstances du fait, qui, ayant pour unique objet l'explication ou l'application d'une loi, ne donnent aucune prise à l'arbitraire [1].

---

[1] Facti *porrò* quæstio *est, ubi dubium est quid quis voluerit, intellexerit, senserit, quidve actum sit; omnisque adeò voluntatis quæstio, ... et ubi disceptatur, factum* quid *sit* an non, *ut accidit in controversiis quæ in statu conjecturali versantur.* Alex. Scoti, Brissonii, Gottl. Heineccii, *et* Vicat, Vocabul. jur. *verb.* Facti *et* Juris. = *Quæstio de jure simplex est, eique præcisè responderi potest, quia jus est certum.* Cujas, Tract. ad Afric. I, *tom. II, pag. 1869, C.*

Voici comment le C.en Tronchet résuma, dans un discours qu'il prononça dans le sein de l'Assemblée constituante le 29 avril 1790, la règle établie par les jurisconsultes pour déterminer en quoi le *jugement en point de droit* diffère du *jugement en point de fait :* « Nous appelons un jugement en point de droit, un » jugement qui décide une pure question de coutume » ou d'ordonnance, tellement indépendante des cir- » constances du fait, que sa décision peut s'appliquer » à tous les cas semblables : nous appelons, au con- » traire, un jugement de fait, celui qui, quoiqu'il » soit fondé sur une loi ou sur des principes généraux » de justice et de morale, ne peut avoir d'application » particulière qu'aux parties et à la circonstance dans » laquelle elles se trouvent. »

En nous fixant à ces définitions précises, il est aisé de voir que toutes les questions relatives à l'*application des lois* pénales (lorsque les délits se trouvent déclarés et caractérisés par le jury), sont de pures questions de droit. Il en est de même des questions relatives à la *prescription* des crimes, parce que c'est la loi seule qui règle cette sorte de prescription. La question de *récidive* me paraît aussi devoir être considérée le plus souvent comme pure question de droit, par la raison que le code pénal de 1791 [1] décide que la récidive ne peut avoir lieu que dans le cas où l'accusé a subi

---

[1] Partie I.re, tit. II.

une première condamnation, et le code du 3 brumaire [1] ajoute que cette *première condamnation* ne peut être constatée que par la représentation d'une *expédition en forme* du *premier jugement;* en sorte que la *première condamnation* étant établie par un jugement authentique, le second délit par la déclaration du jury, le point de fait de la récidive ne peut faire la matière d'un doute ni être mis en question : il ne reste donc qu'à appliquer la peine de la récidive, c'est-à-dire, à statuer sur la question de droit. Il faudrait néanmoins décider le contraire s'il s'élevait une contestation sur le point de fait; par exemple, si l'identité de l'individu condamné par le premier jugement et déclaré convaincu d'un second délit par le jury, était déniée. Par la même raison, lorsqu'un faux a été déclaré constant par un jury, les questions de savoir si ce faux a été commis en *écriture authentique et publique*, en *effets de commerce* ou en *écriture privée*, sont réputées de pures questions de droit, parce qu'il ne faut que consulter la loi pour distinguer ces trois espèces d'écrits : ces diverses questions et les autres de la même nature, étant indépendantes des circonstances du fait, puisqu'il ne s'agit que d'appliquer la loi à un fait *authentique*, ne doivent donner lieu qu'à des jugemens de droit; elles sont par conséquent de la compétence des magistrats.

---

[1] Art. 554.

Mais il n'en est pas de même des questions tendant à caractériser les délits : quand même ces questions présenteraient quelquefois un mélange de fait et de droit, elles ne pourraient cependant jamais donner lieu qu'à un jugement *de fait;* car, caractériser un délit, n'est-ce pas décider que les circonstances du fait suffisent pour constituer un tel délit? Pour porter une pareille décision, ne faut-il pas apprécier et juger toutes les circonstances du fait? Apprécier et juger des circonstances de fait, n'est-ce pas rendre un jugement *de fait!* On ne peut en disconvenir sans s'écarter de la double définition des jurisconsultes précitée, suivant laquelle un jugement n'est censé rendu en *point de droit,* que lorsqu'il décide une question de coutume ou d'ordonnance, tellement indépendante des circonstances du fait, qu'il puisse s'appliquer à tous les cas semblables; tandis que si le jugement ne peut avoir d'application qu'aux parties et à la circonstance dans laquelle elles se trouvent, quoiqu'il soit fondé sur une loi, il ne peut être considéré que comme *jugement de fait.* Ainsi, toutes les fois que la question à résoudre tombe sur un point de fait, ou sur un mélange de fait et de droit, le jugement qui intervient est un jugement *de fait,* par cela même qu'il n'est pas indépendant des *circonstances du fait,* et qu'il ne peut s'appliquer qu'à une seule hypothèse.

Il est vrai que les questions de droit se rattachent aussi à des points de fait; mais dans les pures questions de droit, la difficulté à résoudre porte uniquement su le point de droit, sur l'application d'une loi, et non su le point de fait, qui, se trouvant irrévocablement jugé par la déclaration du jury, ou authentiquement constaté, ne donne lieu à aucune controverse : c'est ce qu'il ne faut jamais perdre de vue. Ainsi, par exemple, quand il s'agit d'infliger une peine à un voleur, à un assassin, si le fait et la culpabilité ont été déclarés constans par un jury légal, il ne reste qu'à ouvrir le livre de la loi pour en faire l'application. Cette dernière opération constitue un jugement en point de droit, qui ne peut être rendu que par les magistrats; tandis que quand il faut caractériser un délit, il faut, comme je l'ai déjà observé, recueillir, apprécier et juger toutes les circonstances du fait, vérifier si elles suffisent pour constituer tel ou tel délit; et quoiqu'on puisse apercevoir dans cette question un mélange de fait et de droit, la difficulté portant essentiellement sur l'appréciation du fait, il est évident qu'elle ne peut donner lieu qu'à un *jugement de fait*, jugement qui ne peut s'appliquer qu'à l'hypothèse particulière de la cause. Si donc les questions tendant à caractériser le délit ne peuvent donner lieu qu'à des jugemens en point de fait, j'en tire la conséquence qu'elles ne doivent être soumises qu'aux juges de fait ou jurés. Il me reste à faire voir que cette théorie bien simple se trouve confirmée, non-seulement par les lois françaises, mais encore par celles de Rome et d'Angleterre.

A Rome, on ne proposait aux juges de fait qu'une seule question : *L'accusé est-il coupable!* Cette question comprenait non-seulement le fait matériel, la moralité du fait ou le caractère du delit, mais encore la culpabilité de l'accusé. Le préteur, qui présidait le tribunal, adressait aux juges de fait une instruction sur les difficultés qui supposaient quelque *connaissance du droit;* il se faisait assister, à cet effet, de plusieurs jurisconsultes, de qui il prenait conseil, quand il le jugeait à propos. Chacun des juges de fait répondait ensuite à la question, en jetant dans une urne la lettre initiale qui exprimait son jugement. Le préteur dépouillait ces bulletins, et appliquait la loi pénale au délit qui se trouvait déclaré constant par le résultat du scrutin.

En Angleterre, on a adopté une méthode très-analogue à celle des Romains; le délit se trouvant caractérisé dans l'acte d'accusation, on ne propose également qu'une seule question au jury de jugement : *L'accusé est-il coupable!* et l'on ne peut pas douter que cette question ne comprenne aussi le fait, le caractère du délit et la culpabilité de l'accusé, puisqu'elle est unique (M). L'un des magistrats fait le résumé des débats, fixe l'état de la question, et émet son opinion sur le *point de droit seulement;* opinion qui ne sert qu'à éclairer le jury, et qui n'est pas comptée lors du jugement. Le jury répond communément en employant l'une des deux formules, *coupable* ou *non coupable :* c'est ce qu'on appelle un *verdict général.* Mais si le point de droit présente au jury une difficulté trop ardue, il peut se dispenser de la résoudre, en rendant un *verdict spécial*[1], c'est-à-dire une déclaration motivée, dans laquelle il prononce sur les circonstances du fait matériel, et défère le point de droit aux magistrats.

La procédure criminelle, dans les États-Unis d'Amérique, est semblable sur ce point à la procédure anglaise.

Les lois françaises ont voulu qu'au lieu d'une seule question on en proposât plusieurs au jury : la première pour savoir si le fait qui forme l'objet de l'accusation est constant; la seconde, si l'accusé est convaincu de l'avoir commis; et les suivantes, pour connaître quelle a été l'intention, la volonté de l'accusé, et pour déterminer le plus ou le moins de gravité du délit : mais il ne faut pas croire que cette multiplicité de questions ait eu pour objet de diminuer les attributions du jury. Le législateur a pensé « qu'il y aurait de l'inconvénient » à ne pas guider les jurés sur la position des questions » différentes qu'ils doivent se proposer sur la moralité » du fait; il a craint qu'ils n'en omissent d'essentielles, » ou qu'il ne s'élevât entre eux des débats sur la manière de les poser, et que les difficultés ne prolongeassent beaucoup leurs opérations, quelquefois » même ne les jetassent dans des embarras dont ils » auraient peine à sortir. » Il a voulu, en conséquence,

[1] Delolme, *tome I.er, chap. 12.* — Blackstone, trad. *de* Ludot, *chap. 10.*

établir

établir une méthode analytique pour obtenir du jury des réponses catégoriques sur des questions nettement posées. » C'est ainsi que le législateur s'en est xpliqué lui-même, dans la deuxième partie de l'insruction sur la procédure criminelle, publiée le 21 octobre 1791. Voilà l'unique motif des diverses quesions qui doivent être proposées au jury ; elles ne changent rien à ses attributions ni à sa compétence.

Les lois françaises n'ont point dit que les questions tendant à caractériser le délit dussent être réservées aux magistrats; et certes, si telle eût été la volonté du législateur, il n'aurait pas manqué de l'exprimer d'une manière positive. Il résulte, au contraire, de la disposition des articles 20, 21 et 24, titre VII du code du mois de septembre 1791, de l'instruction qui fut publiée en même temps, et du code du 3 brumaire an 4, articles 273, 274 et suivans, qu'il faut proposer au jury *toutes les questions* qui résultent de l'acte d'accusation et des débats, tant sur l'existence du *délit,* sur la *culpabilité* de l'accusé, que sur la *moralité du fait;* ce qui embrasse évidemment le caractère du délit. C'est par erreur que l'on a prétendu trouver une disposition contraire dans l'art. 432 du code du 3 brumaire, en ce qu'il y est dit que *les juges acquittent l'accusé, si le fait dont il est convaincu n'est pas défendu par la loi.* Cet article trouve son application dans les cas où le jury ayant déclaré le fait qui donne lieu à l'accusation constant, a néanmoins répondu favorablement les questions relatives à l'intention ou à la moralité du fait; parce qu'il résulte alors de l'ensemble de la réponse du jury un fait qui n'est pas défendu par la loi. Ainsi, par exemple, si le jury a déclaré que l'accusé est convaincu d'avoir commis un *homicide*, mais que cet homicide a été commandé par la nécessité actuelle de sa légitime défense; ou qu'il a été commis un *faux* , mais non dans le dessein de nuire à autrui, &c.; il est évident que, dans ces divers cas, le fait déclaré par le jury n'étant *pas défendu par la loi*, les magistrats doivent *acquitter* l'accusé, en conformité de l'art. 432 : mais il n'est pas moins vrai que toutes les questions, notamment celles servant à caractériser le délit, ont été soumises au jury; que les magistrats n'ont eu à statuer que sur la *pénalité*, seule question qui leur fût dévolue.

Il résulte de ces diverses observations, que le système que je combats est contraire à l'opinion des plus célèbres jurisconsultes, aux lois des divers peuples qui ont adopté le jury, et qu'il n'est étayé sur aucune disposition des lois françaises. Il me reste à le considérer sous le troisième rapport que j'ai annoncé, c'est-à-dire, à faire connaître les inconvéniens qu'il présente; ils sont tels, que, si ce système était adopté, la procédure par jurés deviendrait le plus souvent impraticable. Je vais justifier cette dernière proposition; mais je prie mes lecteurs de m'accorder ici autant d'indulgence que d'attention, étant obligé de me livrer à des détails qui pourront paraître abstraits et fastidieux, sur-tout aux personnes qui ne sont pas familiarisées avec ce genre de procédure.

Si l'on réserve aux magistrats le droit exclusif de *caractériser* le délit, sur quoi pourront-ils s'étayer pour déterminer ce caractère? sur les preuves résultant des débats, ou sur les faits qui seront déclarés constans par le jury? On répondra sans doute qu'ils ne devront avoir égard qu'aux faits déclarés constans par le jury : car s'ils étaient autorisés à prendre charge des débats, la déclaration du jury deviendrait absolument inutile ; elle ne serait plus qu'une formalité vaine qu'il faudrait entièrement supprimer. Mais si d'une part les juges ne peuvent caractériser le délit que sur les faits déclarés constans par le jury, si d'autre part toutes les circonstances du fait doivent concourir à déterminer ce caractère, il faudra donc que le jury s'explique sur toutes les circonstances du fait, il faudra donc convertir l'acte d'accusation en questions ; que dis-je! il faudra proposer autant de *séries de questions* que le fait présentera de circonstances : nous allons voir par quelques exemples, que ce serait multiplier les questions à l'infini.

Je suppose que cinq individus soient accusés d'avoir, de complicité, falsifié un acte ou un registre ; que dans les moyens de faux on ait articulé trente altérations, surcharges ou simulations de signatures, &c. : si l'on adopte le nouveau système, les jurés devront s'expliquer séparément sur chaque altération, surcharge ou simulation, afin de mettre les magistrats en état de prononcer sur le caractère du délit, et de déclarer s'il y a faux. Il faudra donc poser une série de questions sur chaque moyen de faux, outre une dernière série pour savoir s'il a été fait usage de la pièce fausse ; ce qui donnera trente-une séries : chaque série devra contenir au moins trente-une questions, la première pour savoir si l'une des altérations existe, la seconde si le premier accusé en est l'auteur, la troisième s'il y a coopéré, la quatrième sur la moralité du fait, la cinquième s'il a aidé et assisté le coupable dans les faits qui ont préparé ou facilité l'altération, la sixième s'il l'a aidé et assisté dans la consommation du délit, la septième sur l'intention ; il faudra répéter les six dernières questions pour chacun des quatre autres accusés, ce qui nécessitera bien réellement les trente-une questions par chaque série. Mais trente-une séries composées chacune de trente-une questions, donnent la quantité de neuf cent soixante-une questions : que sera-ce donc si l'on décompose les questions aggravantes, les questions de moralité, comme la question de fait ! car j'ai fait voir *(page 51)* que les unes et les autres sont susceptibles de la même décomposition, pour distinguer le fait matériel de ce qu'on veut appeler le point de droit : que sera-ce donc si au lieu d'une seule pièce arguée de faux, il s'en trouve dix, vingt ou trente !

Les *tentatives de crime* se composent ordinairement d'une foule presque innombrable de circonstances qui doivent toutes concourir à caractériser le délit : par exemple, pour constater une tentative de vol, il arrive souvent qu'il faut avoir égard à la conduite des prévenus, tant le jour même de la tentative, que ceux qui l'ont précédé et suivi ; à toutes les démarches qu'ils ont faites, aux propos qu'ils ont tenus, aux objets ou instrumens trouvés sur eux, aux réponses qu'ils ont fournies, &c. parce que c'est dans la réunion de ces diverses circonstances que l'on doit trouver les caractères de la tentative du vol, si réellement elle a eu lieu.

Les *banqueroutes frauduleuses* fournissent ordinairement un plus grand nombre de circonstances, car elles sont très-souvent le résultat de la conduite que l'accusé a tenue pendant un long espace de temps. Toutes les opérations de banque ou de négoce qu'il a faites pendant cet intervalle, portant l'empreinte de la fraude, peuvent être considérées comme autant de circonstances principales qui constituent la banqueroute frauduleuse. L'on peut dire la même chose d'un grand nombre d'autres délits, tels que *conspirations, concussions, &c.* Il est même à remarquer que l'on ne peut sans danger retrancher les circonstances les plus légères, soit parce qu'elles servent ordinairement à lier entre elles les circonstances principales et à en former un faisceau propre à opérer la conviction, soit parce que telle circonstance qui paraît indifférente au premier aperçu peut devenir par la suite tranchante et décisive.

Mais s'il fallait attacher une série de questions à chacune de ces circonstances, afin de mettre les magistrats en état de caractériser le délit, c'est-à-dire de déclarer si ces circonstances réunies constituent un faux, une tentative de vol, une banqueroute frauduleuse, il est aisé de voir, 1.° qu'il serait extrêmement difficile de bien préciser toutes ces circonstances, de n'en pas omettre d'essentielles, de n'en point relever d'inutiles; 2.° que les questions seraient si nombreuses, que les magistrats ne pourraient suffire à les poser, et que les jurés en seraient épouvantés : l'affaire la plus simple se trouverait compliquée et donnerait lieu à des longueurs infinies; l'affaire qui se trouverait un peu chargée, deviendrait interminable : enfin, l'instruction par jurés serait impraticable, comme je l'ai annoncé.

La manière de poser les questions, que le tribunal de cassation a proposé [1] de substituer à celle établie par le code du 3 brumaire, semble d'abord extrêmement facile : elle consiste à poser six ordres de questions. « Le premier ordre doit tendre à savoir, » sur chaque délit, si chacun des faits [2] qui forment

---

[1] Dans ses Observations, *page 31*.

[2] Il ne faut pas perdre de vue, qu'ici le mot *faits* est pris pour *circonstances*.

» l'objet de l'accusation, est constant ou non ; le
» deuxième ordre, si chaque accusé est ou non
» convaincu d'avoir commis chaque délit, ou d'y
» avoir coopéré, ou d'avoir fait les différens actes aux-
» quels la loi attache le caractère de complicité, &c. »

Je m'arrête à ces deux premiers ordres de questions pour observer que cette méthode, si simple en théorie, présente néanmoins pour son exécution les difficultés les plus sérieuses. Si l'on pose d'abord un premier ordre de questions pour savoir si chacun des faits qui forment l'objet de l'accusation est constant, il faudra autant de questions que l'acte d'accusation renferme de faits, quoique plusieurs faits ne constituent qu'un seul délit ; par conséquent les questions seront encore plus nombreuses que celles exigées par le code du 3 brumaire, puisque, suivant ce code, il ne faut qu'une seule question pour savoir si le délit est constant, alors même que le délit est le résultat de plusieurs faits. Si l'on établit ensuite un *deuxième ordre* de questions, pour savoir si chaque accusé est ou non convaincu d'avoir commis *chaque délit*, ou d'y avoir coopéré, ou d'avoir fait les différens actes auxquels la loi attache le caractère de complicité, toutes ces questions du second ordre seront évidemment *complexes*, parce que chacune d'elles se rapportera aux divers faits déclarés constans par les réponses aux questions du premier ordre. Je vais encore employer un exemple pour mieux expliquer ma pensée.

Deux individus sont accusés d'avoir tenté d'incendier la maison d'un citoyen : l'acte d'accusation porte, 1.° que le premier accusé a menacé, quelques jours auparavant, le propriétaire d'exercer contre lui une vengeance éclatante ; 2.° que le second accusé a acheté, la veille du délit, des artifices; 3.° que pendant la nuit du délit on a vu deux particuliers dirigeant leurs pas du côté de cette maison, un témoin a cru reconnaître le premier accusé, un autre le second; 4.° que, quelques instans après, un artifice ayant été tiré, et ayant mis le feu à un tas de chaume auprès de la maison, de prompts secours ont empêché les progrès des flammes, mais que ceux qui avaient tiré l'artifice ont pris la fuite [1].

Pour se conformer à la méthode proposée par le tribunal de cassation, il faudra poser un *premier ordre* de questions, pour constater les divers faits que je viens d'exposer : le jury pourra facilement y répondre. Mais quand on passera aux *questions du second ordre*, on ne pourra pas demander : *Le premier accusé est-il convaincu d'avoir commis une tentative d'incendie !* car le crime n'ayant été ni défini ni caractérisé dans les questions du premier ordre, il y aurait une incohérence choquante entre les questions du premier et celles du

---

[1] Je ne suppose que quatre faits particuliers ou circonstances, tandis que l'affaire la plus simple en présente ordinairement bien davantage.

econd ordre ; cette question serait même *complexe*, uisqu'elle confondrait la qualification du délit avec la ulpabilité de l'un des accusés. On ne pourra pas non lus demander, *Le premier accusé est-il convaincu d'être 'auteur des faits déclarés constans par les réponses aux uestions du premier ordre?* puisqu'une pareille question ortant sur *plusieurs faits*, serait encore évidemment omplexe ; le juré qui regarderait le premier accusé comme l'auteur des menaces, mais non comme ayant acheté ou mis le feu à l'artifice, ne pourrait pas répondre par oui ou par non, puisqu'il serait dans le cas de dire en même temps oui et non ; il ne pourrait pas non plus répondre à la deuxième question du second ordre, *Est-il convaincu d'y avoir coopéré?* ni aux questions relatives à la complicité ; car il serait possible que le premier accusé eût coopéré ou qu'il eût assisté à l'un des faits et non aux autres.

La seule manière d'éviter la *complexité* des questions, serait de décomposer celles du second ordre comme celles du premier, et de demander : *Le premier accusé est-il convaincu d'être l'auteur du premier fait?... Est-il convaincu d'être l'auteur du second fait?... Est-il convaincu d'être l'auteur du troisième fait?... Est-il convaincu d'être l'auteur du quatrième fait?...* Il faudrait ajouter ensuite : *Est-il convaincu d'avoir coopéré au premier fait?... Est-il convaincu d'avoir coopéré au second fait?* et ainsi des autres ; mais alors on retomberait dans le premier inconvénient, c'est-à-dire, dans la multiplicité extrême des questions.

On ne dira pas sans doute que le tribunal de cassa-tion a pensé que l'on pouvait, sans inconvénient, pro-poser au jury des questions *complexes*, puisqu'il les proscrites dans les termes les plus formels. « C'est un » principe bon à conserver (est-il dit dans ses Obser-» vations, *page 36*), que celui qui déclare nulles les » questions complexes.... le vice de ces questions est » radical, non-seulement parce qu'elles troublent et » embarrasent le jugement des jurés, qui doit toujours » être net, précis et simple; mais aussi et sur-tout » parce qu'il est impossible que dans une réponse à » plusieurs questions à-la-fois, on soit assuré que sur » chaque partie décomposée, la majorité des jurés est » réunie au nombre exigé par la loi. »

Ainsi, de deux choses l'une : ou l'on divisera les questions du second ordre, comme je viens de l'in-diquer, et dans ce cas le nombre en sera excessif; ou l'on ne posera pour chaque accusé qu'une question de *culpabilité*, et trois de *complicité*, qui se rappor-teront à tous les faits déclarés constans par les réponses aux questions du premier ordre, et dans ce cas toutes les questions du second ordre seront complexes.

Toutes ces difficultés s'évanouissent, si l'on conserve au jury toutes les attributions qui lui ont été faites chez tous les peuples qui l'ont admis, et dont il a joui jusqu'à présent en France : que le jury soit le juge du délit, du caractère du délit et de la culpabilité; que les questions qui lui seront présentées, n'aient utre objet que de fixer les divers points sur les-els doit porter sa délibération, et d'établir, suivant expressions de la loi, une méthode analytique our obtenir des réponses catégoriques ; que les nctions de magistrat soient réduites à faire l'ins-uction, à diriger les débats, à prononcer l'acquit a la condamnation de l'accusé, suivant que la dé-aration du jury l'exigera, et à faire l'application es lois, c'est-à-dire, à statuer sur les pures questions e droit qui se trouveront absolument dégagées des uestions de fait. Il ne sera plus nécessaire de mul-plier les questions pour constater les circonstances articulières du fait, à moins que ces circonstances e soient aggravantes ou atténuantes ; chaque délit 'exigera qu'un seule série de questions. Ainsi, par xemple, lorsqu'il s'agira d'une pièce arguée de faux, quoique l'acte d'accusation présente le détail de trente ltérations différentes, il suffira d'une seule question pour constater le délit : *Un tel acte a-t-il été falsifié!* ou bien, *A-t-il été commis un faux sur un tel acte!* La seconde question aura pour objet de savoir *si l'accusé est l'auteur du délit ;* la troisième, *dans quelle intention il l'a commis*. On conçoit qu'en conservant cette méthode, la position des questions sera simple et facile.

J'ai encore entendu faire deux objections contre le système que je défends : la première consiste à dire que lorsque les faits matériels sont déclarés constans, les questions qui tendent à caractériser le délit,

peuvent être aisément résolues par le magistrat sur s
siége, que par conséquent il est inutile de les p
poser au jury; la seconde, que rien n'étant p
difficile que de bien caractériser les délits, les qu
tions qui y sont relatives doivent être attribuées a
magistrats, parce qu'ayant plus d'instruction et d'exp
rience que les jurés, ils sont plus en état de les résoud

J'observe sur la première objection, qu'il ne fa
pas réduire la compétence des jurés aux questio
qui excéderaient la compétence des magistrats, p
la raison bien simple que les magistrats étant com
munément plus instruits que les jurés, la compéten
de ces derniers serait réduite à rien : il ne leur restera
pas même les pures questions de fait matériel; c
pour statuer sur les questions de fait, il ne fa
qu'apprécier les témoignages et les preuves, et cert
personne n'osera soutenir que cette opération so
au-dessus des facultés intellectuelles des magistrats.

Pourquoi donc les questions de fait ont-elles ét
attribuées par préférence aux jurés? Ce n'est pas
comme je viens de le dire, que l'on ait cru les ma
gistrats incapables de les juger, mais c'est parce qu'o
n'a pu les leur confier sans le plus grand danger; c'es
parce qu'étant juges perpétuels, ils sont plus exposé
aux influences du pouvoir, aux atteintes de la séduction, aux dangers de la prévention [1], &c. &c. Il

[1] Ils ne sont pas toujours à l'abri du penchant naturel qui porte
les divers fonctionnaires à user de l'autorité qui leur est confiée,

est de même des questions tendant à caracté-
er les délits : quoique les magistrats soient très en
it de les résoudre, il y aurait un danger réel de les
ır attribuer, attendu que cette attribution, ajoutée
leurs autres fonctions, les rendrait maîtres absolus
la cause. Lorsqu'ils voudraient favoriser un accusé,
s faits les plus graves ne leur paraîtraient pas suffi-
ns pour caractériser un délit ; tandis que les faits les
lus vagues, les plus insignifians, seraient jugés cri-
inels lorsqu'ils voudraient le perdre [1]. Les fonctions
diciaires qui doivent être divisées, se trouveraient
unies dans les mains des magistrats, puisqu'ils pro-
onceraient en même temps sur le délit et sur les
eines; ils pourraient arbitrairement absoudre et con-
amner; on verrait renaître tous les abus, tous les dan-
ers que la permanence des juges avait produits; et le
eau privilége d'être jugé *par ses pairs*, par de *simples*
itoyens sans *caractère public*, sans *autorité permanente*,

---

our en imposer à leurs ennemis et se donner du crédit ; c'est ce qui a fait dire à un poëte qui connaissait bien le cœur humain :

> *Grande malum Turius, si quid, se judice, certes :*
> *Ut, quo quisque valet, suspectos terreat, utque*
> *Imperitet natura potens, sic collige mecum.*

HORAT. lib. II, sat. I, v. 50.

[1] Et qu'on ne dise pas que je cherche à faire la satire de la magistrature. C'est parce que je vénère la magistrature, que je souhaite que l'on ne donne pas aux magistrats une autorité excessive et corruptrice, et que l'on n'exige pas d'eux une perfection et une réunion de vertus surnaturelles.

du nombre desquels on peut éliminer, par la voie la récusation, ceux qui paraissent suspects de partilité ou de malveillance; cette prérogative inappréciab qui constitue essentiellement la liberté civile, ne ser plus qu'une formule dérisoire, une vaine chimère.

Je sais que la moralité de la plupart des magistra peut rassurer contre ces divers dangers; mais la l peut-elle supposer que les magistrats sont *tous* égalment parfaits! Ils sont hommes, et l'on prétendra qu'ils sont toujours à l'abri des passions!.... Une légilation criminelle qui reposerait sur une pareille hypothèse, serait évidemment vicieuse. D'ailleurs, il n suffit pas que le juge n'abuse pas du pouvoir redoutable qui lui est confié, il faut encore qu'il soit dan l'impuissance de le faire; s'il a la facilité d'en abuser la liberté n'a plus qu'une existence éphémère. C'es dans ce sens qu'un auteur [1] moderne a dit: « La seul » opinion de pouvoir être impunément opprimé, nou » dépouille de la libre faculté d'user de nos droits » la crainte attaque la liberté civile dans sa sourc » même; c'est un poison répandu à l'embouchure d'u » fleuve et qui en corrompt tout le cours. »

A l'égard de la seconde objection, je ne saurais convenir que les questions qui tendent à caractériser les délits, soient les plus difficiles à résoudre; je soutiens

---

[1] M. Pagano, professeur de droit criminel à Naples, dans ses Considérations sur la procédure criminelle, *chap. 1*.

contraire qu'elles présentent rarement des difficultés bien sérieuses, et qu'il est très-facile de les aplanir en employant les deux moyens que je vais indiquer.

Le premier consiste à publier une instruction législative sur le code pénal, qui contiendra une définition exacte et précise de chaque délit; à insérer dans chaque acte d'accusation, la définition légale du délit qui en sera l'objet; et à charger le magistrat qui doit résumer les débats, de faire des observations selon sa conscience, pour expliquer au jury comment les caractères du délit peuvent s'appliquer aux faits contenus dans l'acte d'accusation. Les jurés n'ayant alors qu'à comparer les caractères légaux du délit avec les faits qui leur paraîtront constans, les simples lumières du bon sens leur suffiront pour prononcer si le délit existe ou s'il n'existe pas.

Et je ne puis me dispenser d'observer, à cette occasion, que ce défaut de définition légale des délits forme une lacune importante dans notre code pénal [1]. Que l'on ouvre les lois criminelles des différens peuples qui se sont attachés à perfectionner leur législation, on y trouvera les différens délits clairement définis. Tant que l'on négligera de déterminer avec précision

---

[1] La définition incertaine des mots a été considérée, par tous les philosophes, comme l'une des principales causes de nos erreurs en morale, en politique et en métaphysique; Descartes, Locke, Helvetius, Voltaire. De même le défaut de définition précise des crimes est une source intarissable d'erreurs en matière criminelle.

les caractères essentiels des délits, il y aura de l'arbitraire dans les jugemens criminels.

Mais si ce premier moyen se trouvait insuffisant, si, malgré la définition légale du délit, il se présentait une occasion où le jury fût embarrassé pour bien caractériser le fait qui lui paraîtrait constant, il lui resterait un second moyen non moins facile, celui de répondre par un *rapport* [1] dans lequel, après avoir déclaré les points de fait qui lui paraîtraient vérifiés, il renverrait la qualification du délit à la décision des magistrats (N).

Si ces deux moyens n'ont pas le mérite de l'invention, ils présentent du moins les avantages d'une longue expérience. Le succès complet qu'ils ont obtenu depuis plusieurs siècles en Angleterre et dans les États-Unis, prouve leur excellence, et répond victorieusement à toutes les objections [2].

LA SECONDE QUESTION que j'ai annoncée, est celle-ci : *Comment les questions doivent-elles être posées ?* Si la discussion à laquelle je viens de me livrer m'a fait anticiper

---

1 C'est le *verdict* spécial des Anglais.

2 Le C.en Duport, député de Paris à l'assemblée constituante, inséra dans le projet de loi qu'il proposa sur l'organisation du jury, un article en ces termes : « Les jurés pourront néanmoins » circonstancier les détails du délit, et finir par requérir le juge » de déclarer ce que la loi ordonne en pareil cas. » Cet article, qui est le 28.e du projet, ne fut pas admis ; l'expérience que nous avons acquise depuis lors, prouve combien il serait utile d'y revenir.

un

1 peu sur *la manière de poser les questions,* elle facilitera développement des observations que je me propose : faire sur ce point.

J'ai entendu un grand nombre de magistrats et de risconsultes se plaindre de la manière de poser les uestions prescrite par le code du 3 brumaire : les uns eulent qu'on adopte purement et simplement la mé- iode anglaise, et que l'on ne propose au jury qu'une eule question, qui comprenne le fait, la culpabilité, intention et la moralité du fait ; en sorte que le jury uisse répondre par une seule formule, *coupable* ou *on coupable :* les autres pensent, au contraire, que les questions qui portent sur un délit caractérisé, ou sur leux ou plusieurs circonstances, sont complexes ; qu'il aut décomposer les faits, et poser autant de questions que l'on découvre de circonstances élémentaires.

Il n'est pas douteux que le premier système est for- tement autorisé par l'exemple d'Athènes, de Rome, de l'Angleterre, des États-Unis, et de toutes les nations qui ont admis les juges de fait ou jurés. Nous sommes les premiers qui ayons multiplié les questions ; voyons si nous devons préférer la méthode universelle à cette nouvelle théorie.

Pour peu qu'on réfléchisse à l'état actuel de notre législation, on verra que nous ne pouvons pas nous réduire à ne poser qu'une seule question au jury : le code pénal ayant gradué les peines non-seulement à raison des différens délits, mais encore à raison des

circonstances aggravantes et atténuantes de chaque déli
le jury est dans la nécessité de s'expliquer sur chacu
de ces circonstances. En effet, si on ne lui proposa
qu'une seule question sur le fait matériel dégagé d
circonstances, le jury ne jugerait rien; car il arriv
souvent, ou que le fait matériel est indifférent et que
criminalité résulte des circonstances, ou que le fait ma
tériel est criminel et que les circonstances le renden
licite. Si au contraire la question comprenait le fa
accompagné de toutes ses circonstances, elle serai
complexe, et une seule circonstance aggravante no
vérifiée suffirait pour faire acquitter l'accusé, quoiqu
criminel aux yeux du jury.

Ainsi, par exemple, si l'accusé est prévenu d'un *assas sinat* (on sait que l'assassinat se compose de l'*homicid* commis *volontairement avec préméditation*, ou accompagné de vol, de sédition, &c.), ne posera-t-on au jury qu'une seule question sur l'*homicide*, c'est-à-dire, sur le fait simple, dégagé des circonstances ? Mais l'homicide peut être *légal, légitime, excusable, &c.* Dans les deux premiers cas, il ne donne lieu à aucune peine ni à aucune condamnation civile : le jury n'aurait donc à prononcer que sur un fait indifférent. Posera-t-on la question sur l'*assassinat*, c'est-à-dire, sur le fait cumulé avec toutes les circonstances aggravantes ? Mais il est possible que le jury ne trouve pas la *préméditation* suffisamment établie, et qu'il soit par conséquent obligé de répondre négativement, quoiqu'il soit convaincu que *homicide* a été commis *volontairement* ; ce qui rendrait l'accusé passible de la peine de vingt années de fers. Un criminel se trouvera donc acquitté, parce que le jury n'aura pu s'expliquer distinctement sur les diverses circonstances aggravantes. Un acte d'accusation énonce un vol commis à force ouverte dans l'intérieur d'une maison, avec armes, dont il a été fait usage envers les personnes : ne proposera-t-on au jury qu'une seule question sur le *vol!* Mais le vol simple n'est qu'un délit correctionnel, qui n'est pas de la compétence du jury ; quelle est donc l'autorité qui prononcera sur les circonstances aggravantes qui emportent la *peine capitale!* Renfermera-t-on le *vol* et toutes les circonstances aggravantes dans une seule question! Mais alors le jury ne pouvant répondre que par *oui* ou par *non,* sera obligé d'absoudre l'accusé, quoique vraiment criminel, si une seule de ces circonstances ne paraît pas suffisamment prouvée. Cette observation peut s'appliquer à tous les autres délits ; et il doit en résulter la preuve bien évidente, que, dans l'état actuel de notre législation criminelle, il est indispensable de proposer plusieurs questions au jury.

On pourrait, il est vrai, vaincre cette difficulté, en réformant le code pénal; mais en supposant cette réforme effectuée, je ne croirais pas qu'il fût avantageux de ne proposer qu'une seule question au jury ; notre méthode me paraît préférable, en ce qu'elle trace au jury l'ordre qu'il doit mettre dans sa délibération, qu'elle appelle successivement son attention sur tout les circonstances qu'il doit apprécier, qu'elle l'assujett à l'analyse, qu'elle soulage sa mémoire et dirige so jugement : cette simple réflexion me persuade qu'e ce point nous avons amélioré la méthode anglaise.

Si la pluralité des questions est avantageuse, on n peut dissimuler que le trop grand nombre est nuisible en ce qu'il cause une perte de temps considérable qu'il fatigue l'attention, et qu'il jette de l'embarras e de la confusion dans l'esprit des jurés. Hé bien, notr procédure est entachée de ce vice ; pour éviter u excès, nous sommes tombés dans un autre; les magistrats sont fréquemment obligés de poser sept à huit cents questions dans un seul procès ; il en es même où le nombre des questions s'est élevé à dix, vingt et trente mille : conçoit-on rien de plus fastidieux et de plus pénible tant pour les magistrats que pour les jurés, que cette multiplicité indéfinie de questions? Pour améliorer l'instruction, il faut donc les réduire au nombre strictement nécessaire; il faut encore éviter de les rendre complexes, parce que la complexité est un vice radical, et que le jury qui est d'avis d'affirmer une partie de la question, de nier l'autre, et qui est obligé de voter par *oui* ou par *non*, se trouve dans l'impossibilité de répondre. Enfin, la position des questions étant l'opération la plus difficile et la plus délicate de la procédure, la moindre omission, la plus légère erreur en les rédigeant, pouvant sauver un coupable ou faire périr un innocent, il faut chercher une méthode qui aplanisse les difficultés et qui établisse une manière uniforme de les poser.

Pour réduire les questions au nombre strictement nécessaire (o), il faut en premier lieu élaguer toutes les questions oiseuses, c'est-à-dire, celles qui n'ont pas pour objet de constater ou l'existence d'un délit simple [1], ou la culpabilité de l'accusé, ou son intention, ou une circonstance atténuante, ou une circonstance aggravante. Je m'explique : le délit qui forme l'objet d'une accusation, se compose toujours de plusieurs faits ou de plusieurs circonstances particulières; hé bien, si chacun de ces faits ou de ces circonstances, pris isolément, n'est pas criminel, il ne doit pas faire la matière d'une question. Un particulier s'est marié en l'an 6 à Strasbourg; il s'est marié une seconde fois en l'an 8 à Paris; voilà deux faits qui pris isolément sont licites : mais à l'époque du second mariage, le premier n'était pas dissous ; voilà le délit. Faudra-t-il poser une question

[1] J'appelle *délit simple*, un fait qualifié délit par la loi, dégagé de circonstances aggravantes; *délit complexe*, celui qui est accompagné de circonstances aggravantes. Ainsi l'*homicide* est un délit simple; tandis que l'*assassinat* est un délit complexe, qui se compose de l'homicide, qui est délit simple, de la volonté de le commettre, et de la préméditation, qui sont deux circonstances aggravantes. J'entends par *circonstances aggravantes*, seulement celles qui, suivant la loi, donnent lieu à une augmentation de peine; et par *circonstances atténuantes*, celles qui en nécessitent la diminution.

sur chacun de ces faits ! Non, sans doute, puisqu'étan isolés, ils sont indifférens, et que c'est leur existenc simultanée qui compose un *délit simple.* Je les réunira donc dans une seule question en ces termes : *Est-i constant qu'un particulier a contracté un second mariag à Paris, le premier qu'il avait contracté à Strasbour n'étant pas légalement dissous !* S'il s'agit d'expositior de fausse monnaie, je ne poserai pas une question pour savoir *s'il a été exposé de la monnaie,* une seconde pour savoir *si cette monnaie était nationale,* une troisième, *si elle avait cours,* une quatrième, *si elle était contrefaite,* parce que ces circonstances étant isolées, sont indifférentes; mais je les réunirai dans une seule question : *A-t-il été exposé de la monnaie nationale ayant cours, contrefaite !* parce que c'est dans cette réunion que gît le *délit simple* d'exposition de fausse monnaie. En fait de rebellion aux actes de justice, je ne demanderai pas, par des questitons séparées, *si un individu a été délivré, si cette délivrance s'est opérée par force et violence, si cet individu était légalement détenu ;* mais je demanderai *si un individu légalement détenu a été délivré par force et violence,* parce que c'est la réunion de ces trois circonstances qui constitue le délit, et que ce délit est simple [1].

[1] On pourrait peut-être éviter ces périphrases en posant ainsi les questions : *A-t-il été fabriqué de la fausse monnaie ! a-t-il été commis une rebellion ! &c.* si chaque délit se trouvait clairement

Il en est de même des circonstances aggravantes ..i forment l'objet des questions subséquentes. Si l'une e ces circonstances consiste à avoir fait usage de *fausses 'efs*, et que l'instruction apprenne que la chambre dans ..quelle a été commis le vol, était fermée à clef; qu'après e vol elle a été trouvée ouverte sans effraction; que 'on a trouvé dans la poche du prévenu, de fausses clefs, 'une desquelles ouvre et ferme ladite porte, &c.; toutes :es particularités pourront bien concourir à opérer la :onviction du jury; *mais le jury n'est pas tenu de rendre compte des moyens par lesquels il s'est convaincu* (art. 372 du code du 3 brumaire), il lui suffit de déclarer le résultat, et de s'expliquer sur chaque circonstance qui aggrave ou qui atténue la peine : or, dans l'hypothèse que je viens de former, il remplit cet objet par une seule réponse, *Le vol a été commis à l'aide de fausses clefs.*

Si l'on objecte qu'une question qui réunit plusieurs circonstances est complexe, parce qu'il est possible que l'une de ces circonstances soit fausse, les autres vraies, et que le jury ne peut pas s'expliquer en ce cas par une simple boule blanche ou noire, je réponds que lorsque le délit simple ne se constitue que par l'existence

---

défini par la loi, comme je l'ai ci-devant proposé; mais tant que cette définition légale n'existera pas, il me paraît indispensable de rappeler dans les questions, les caractères qui constituent le délit, pour prévenir les abus et les équivoques qui naissent communément de la signification incertaine des mots.

simultanée et la réunion de plusieurs circonstances indifférentes en elles-mêmes, si une de ces circonstances caractéristiques n'est pas vérifiée, la question doit être répondue négativement. Ainsi, quand on réunit plusieurs de ces circonstances dans une seule question on est censé demander au jury : *Toutes les circonstances du fait dont il s'agit, existent-elles simultanément*, ou ou non ! S'il manque une seule de ces circonstances, le jury répond *non :* il ne répond affirmativement que lorsque toutes les circonstances lui paraissent réunies et vérifiées ; il est évident qu'il n'existe point là de *complexité.*

Je dois observer ici que le mot *complexe* n'a point été défini par la loi, et que, faute de l'entendre, on est tombé dans des erreurs bien nombreuses, et souvent bien funestes : le tribunal de cassation en a donné une définition dans ses Observations, *pag. 36,* en ces termes : « Les questions *complexes* sont celles qui réunissent ou » plusieurs délits, ou plusieurs accusés, ou plusieurs cir- » constances, ou le fait et l'auteur ensemble, ou le » fait avec l'intention, ou plusieurs intentions ; » et il a ajouté cette modification nécessaire : « Si une ques- » tion complexe a été décomposée en chacun des élé- » mens dont elle était formée, la nullité en est réparée, » et le vice en est purgé. »

Cette définition est exacte : je ne me permettrai qu'une réflexion, qui est la conséquence naturelle de celles que je viens de faire ; c'est que le mot *rconstance,* tel qu'il est employé dans la définition, est rop vague. Je crois avoir établi que les circonstances, ui, étant prises isolément, ne changent pas la nature u délit, doivent être réunies dans une seule question; faut donc déterminer avec un peu plus de précision elles dont la réunion rend les questions *complexes :* e sont *les circonstances qui, prises isolément, peuvent iggraver ou diminuer la peine ;* il est évident que plu- ieurs circonstances de cette nature ne peuvent pas ntrer dans la même question, parce que les jurés ne peuvent pas répondre par une seule boule blanche ou noire sur deux points emportant deux degrés de peine différens. Ainsi, s'il est question d'un homicide, on ne doit pas proposer dans la même question, *A-t-il été commis VOLONTAIREMENT et avec PRÉMÉDITATION!* parce que chacune de ces circonstances comporte une peine différente : la première change l'*homicide* en *meurtre*, et donne lieu à la peine de vingt années de fers ; la seconde lui imprime le caractère d'*assassinat,* qui emporte la peine de mort. Mais si l'accusation porte sur une tentative de crime, on pourra sans inconvénient demander par la même question, *si cette tentative a été manifestée par des actes extérieurs, suivie d'un commencement d'exécution, et si elle n'a été suspendue que par des circonstances fortuites, indépendantes de la volonté du prévenu ;* parce que si chacune de ces circonstances est isolée, elle n'est rien et ne donne lieu à aucune peine ni à aucune modification de peine, et que la loi du 22 prairial an 4 exig leur réunion simultanée pour criminaliser une tentative. De même, s'il s'agit de prononcer sur la culpabilité d'un complice, on pourra demander par même question, *Est-il convaincu d'avoir aidé et assis le coupable dans les faits qui ont facilité l'exécution d délit?* parce que ces circonstances isolées sont inconcluantes, et que leur réunion est indispensable pou caractériser la complicité. Pour lever toute équivoque sur ce point, il suffirait donc d'ajouter à la définition donnée par le tribunal de cassation, après ces mot *plusieurs circonstances,* ceux-ci, *qui, étant prises isolément, aggravent ou atténuent la peine* (P).

Le premier moyen de réduire le nombre des questions, que je viens d'indiquer, est à la disposition des magistrats; car je ne connais aucune loi contraire à cette méthode, qui me paraît littéralement conforme à la disposition de l'art. 374 du code du 3 brumaire[1]. Mais il existe un autre moyen de les réduire davantage, et ce moyen est à la disposition du législateur: il consiste dans la réformation du code pénal.

Il paraît que le grand objet du législateur, en rédigeant le code pénal, fut d'éviter l'arbitraire dans la distribution des peines; que pour y parvenir il

---

1 Malheureusement la jurisprudence du tribunal de cassation a varié sur ce point, et cette variation a causé le plus grand embarras aux juges des tribunaux criminels.

oulut prévoir toutes les circonstances aggravantes, t graduer les peines avec une précision telle, que es magistrats n'eussent la faculté de les augmenter ni de les diminuer en aucune manière. Hé bien, il aut en convenir, c'est en cela que consiste le plus grand vice de cette loi, vu qu'il est moralement impossible que la loi puisse prévoir et déterminer avec précision toutes les nuances qui impriment à un délit plus ou moins de gravité, et motivent une peine plus ou moins sévère; le législateur a eu ici trop de confiance dans ses propres forces, et trop peu dans les lumières et la sagacité du magistrat : il en est résulté une telle imperfection dans ce code, qu'un vol d'*un franc* est puni aussi sévèrement qu'un vol de cent mille écus; que celui qui a commis un seul meurtre, éprouve la même peine que le meurtrier qui en aurait commis vingt; que celui qui a contrefait des monnaies de cuivre, est puni de la même manière que le fabricateur de fausses pièces d'or; que celui qui a eu une conduite irréprochable jusqu'au moment fatal qui l'a précipité dans le crime, est traité avec la même rigueur que le scélérat qui s'est traîné de forfaits en forfaits; que celui qui a altéré son acte de naissance pour se soustraire à la réquisition, ou son passe-port pour échapper à la surveillance de la police, subit le même châtiment que le faussaire de profession, convaincu d'avoir fabriqué cent pièces fausses, d'avoir envahi, à l'aide de ces faux, la fortune de dix familles, d'avoir jeté l'alarme dans le commerce par de fausses lettres de change et le désordre dans le trésor public par de fausse inscriptions, &c. &c.; que d'ailleurs on n'a mis aucune différence entre l'auteur du délit et son complice entre le voleur avec effraction et celui qui recèle entre le meurtre d'un fonctionnaire public dans l'exercice de ses fonctions, d'un magistrat sur son siége, et le meurtre d'un simple individu; que l'on n'a eu aucun égard au plus ou moins de noirceur ou de perfidie dont un délit peut être environné, comme s'il a été commis pour ruiner ou pour faire périr un parent, un ami, un bienfaiteur. Un fils qui se serait porté contre son père aux violences mentionnées aux articles 21, 22, 23, 24 et 25 de la première section, titre II, partie II du code pénal, ne serait pas puni avec plus de rigueur que s'il se fût livré à ces excès contre son plus cruel ennemi.

Les bornes de ce Mémoire ne me permettent pas de relever ici les lacunes et les nombreuses imperfections qui doivent opérer la plus prompte réformation de cette loi; je ne considère en ce moment que le grand nombre de questions qu'elle nécessite.

Or il est évident que l'échelle graduée des peines qui se trouve établie par cette loi, oblige à poser autant de questions que le délit présente de circonstances aggravantes; tandis que si, en la réformant, on ne laisse subsister que les circonstances principales qui peuvent changer la *nature* de la peine, et non as sa durée; que l'on établisse, par exemple, pour haque délit comportant la peine des fers, un *maximum* et un *minimum*, et que les magistrats soient utorisés à graduer la peine, en se renfermant néanmoins dans les deux termes donnés, suivant les circonstances particulières de la cause; il en résultera deux avantages : le premier, que la peine sera graduée avec plus d'équité, parce que les magistrats pourront prendre en considération une foule de circonstances que la loi la plus détaillée ne saurait prévoir; en renonçant à la précision géométrique, qu'il est impossible d'atteindre, on se rapprochera de la précision morale; l'espèce d'arbitraire qui sera confié au magistrat n'entraînera aucun danger réel, puisqu'il se trouvera circonscrit entre le *maximum* et le *minimum* déterminés par la loi : le second, que le nombre de questions à soumettre au jury sera moindre, vu qu'il y aura moins de circonstances aggravantes prévues par la loi, et que les autres seront laissées à la décision des juges. Ces changemens, sollicités par la justice, sont encore justifiés par l'exemple de la législation anglaise, qui accorde aux magistrats une certaine latitude pour aggraver ou modérer la peine : que dis-je ! nous les avons adoptés pour la police correctionnelle : la loi du 22 juillet 1791 a autorisé les juges à graduer les peines entre le *maximum* et le *minimum* déterminés par la loi, selon les circonstances; et l'expérience journalière prouve que cette méthode est préférable à celle du code pén

A l'égard de la question intentionnelle, tous l magistrats, tous les jurisconsultes, ont senti la n cessité de modifier la loi du 14 vendémiaire an 3, q oblige de la poser dans toutes les affaires sans ex ception. Il est plusieurs délits dont les caractères s trouvent suffisamment déterminés par les question *sciemment et volontairement*, et sur lesquels toute autr question intentionnelle est superflue; elle est d'ail leurs presque toujours mal exprimée par ces mots *méchamment et dans l'intention du crime*, ou *à dessei de nuire à autrui*. Celui qui commet un vol, qui fabrique de la fausse monnaie, n'agit pas par *méchanceté*, mais par cupidité : il ne fait pas le crime pour le crime, mais dans l'espoir de s'enrichir. Celui qui fait un faux en écritures, a bien moins pour objet de *nuire à autrui*, que de se soustraire à la disposition d'une loi, ou de s'approprier ce qui ne lui appartient pas : son intérêt est le vrai mobile de son crime; et quand on dit qu'il l'a commis *méchamment et à dessein de nuire à autrui*, on se méprend sur ce premier mobile; on confond le principe avec les conséquences, la cause avec ses effets. En employant ces expressions dans la question intentionnelle, on induit évidemment le jury en erreur, ou l'on tourmente sa conscience. Il ne faut donc pas être surpris, si, à la faveur de cette question, un grand nombre de coupables ont échappé à la peine qu'ils avaient encourue. Les observations que le tribunal de cassation a faites à ce sujet (*pag. 32, 33, 34*), ne laissent rien à desirer, et me dispensent d'entrer dans un plus long détail.

J'ai dit qu'il fallait chercher une méthode pour faire disparaître les difficultés que présente ordinairement la position des questions. J'en vais proposer une fort simple, qui consiste à ajouter au code des délits et des peines, les formules des questions à proposer sur chaque délit prévu par nos lois criminelles; de manière que, pour employer ces formules, il suffise d'ajouter les noms propres, et de retrancher les questions qui auraient pour objet des circonstances qui ne se rencontreraient pas dans l'espèce. Cette méthode ne saurait convenir à ceux qui prétendent qu'il faut que le jury s'explique sur toutes les circonstances particulières du fait, quoiqu'elles ne soient ni aggravantes ni atténuantes : mais elle aura vraisemblablement l'approbation de ceux qui sont d'avis que les questions n'ont pour objet que de tracer au jury l'ordre qu'il doit suivre dans sa délibération; d'obtenir, par la voie de l'analyse, des réponses catégoriques sur le caractère du délit, la culpabilité de l'accusé, la moralité de l'action, et sur les seules circonstances qui peuvent amplier ou diminuer la peine. Les questions étant ainsi réduites à des points généraux, elles seront les mêmes pour tous les délits de la même nature; en sorte qu'il suffira d'une formule pour chaque espèce de délit. Ces formules ne seront pas moins utiles que celles des actes relatifs à la procédure, qui ont été publiées à la suite du code du 3 brumaire. Elles auront sur-tout l'avantage de tarir la source des erreurs les plus fréquentes et les plus funestes dans l'instruction par jurés ; de déterminer avec précision les cas où la question intentionnelle doit être posée, et les termes dans lesquels elle doit être conçue, car ces termes ne peuvent pas être les mêmes pour chaque délit ; enfin, d'établir un mode constant et uniforme pour toute la République.

J'arrive à la TROISIÈME QUESTION : *Dans la délibération du jury, quel doit être le nombre de voix nécessaire pour absoudre ou pour condamner !*

Trois opinions différentes divisent les législateurs, les magistrats et les jurisconsultes sur cette importante question : les uns veulent que les suffrages de trois jurés soient toujours suffisans pour acquitter l'accusé, c'est-à-dire, qu'il faille dix voix pour le condamner et seulement trois pour l'absoudre ; les autres, que les jurés ne puissent acquitter ni condamner qu'à l'unanimité des suffrages ; enfin, la troisième opinion, qui n'est qu'une modification de la seconde, consiste à tenter d'abord l'unanimité, et, si elle ne peut se former après un certain intervalle, à rendre le jugement conforme à la déclaration de la majorité du jury, et, en cas de partage, à prononcer l'absolution.

La première méthode fut consacrée par le code criminel du 16 septembre 1791, titre VII, art. 28, et par celui du 3 brumaire an 4, art. 403. Elle fut, à la vérité, réformée par l'art. 33 de la loi du 19 fructidor an 5; mais le conseil d'état a proposé de la faire prévaloir encore, dans un projet de loi qu'il a présenté en l'an 8, et le tribunal de cassation a émis une opinion à-peu-près conforme, qu'il a exprimée en ces termes [1] : « Il paraît que la déclaration des jurés » doit, à quelque époque que ce soit de leur délibé- » ration, se former en faveur de l'accusé, par quatre » voix sur douze, et contre lui par le concours de » neuf. Quand les adjoints ont été réunis aux jurés, » la décision favorable à l'accusé se forme par cinq » voix, et contre lui par le concours de onze. »

Quelque désavantage qu'il y ait à combattre un système qui paraît avoir prévalu au conseil d'état et au tribunal de cassation, je ne saurais dissimuler les objections qui s'élèvent contre son adoption, ni les dangers qui pourraient en être la suite.

Et d'abord, le système de faire prévaloir la *minorité* qui absout, sur la *majorité* qui condamne, est en contradiction avec un principe avoué par toutes les nations policées; c'est celui qui donne la prépondérance à la *majorité* dans toutes les délibérations politiques et judiciaires.

Ce système ne pourrait se soutenir qu'en supposant qu'il y a plus de lumières et de sagesse dans la *minorité*

[1] *Page 38* de ses Observations.

que dans la *majorité*, et cette supposition est évidemment paradoxale et destructive de tout ordre social.

Il est vrai que, suivant nos anciennes lois criminelles, l'avis le plus sévère ne prévalait que lorsqu'il obtenait une majorité de deux voix : cette étrange disposition n'avait sans doute été adoptée que pour servir de correctif ou de palliatif aux formes barbares dont ce code était infecté; mais ce n'est pas dans cette source que l'on doit puiser les moyens de perfectionner l'institution du jury. Consultons les règles adoptées par les anciens peuples qui avaient établi leur grandeur dans la sagesse de leurs institutions et de leurs lois : nous verrons que l'Aréopage, ce tribunal célèbre, avait un respect si religieux pour le principe de la majorité, que lorsqu'il y avait partage, un officier subalterne ajoutait en faveur de l'accusé le *suffrage de Minerve;* en sorte que l'absolution, en ce cas, était encore censée votée par la majorité. Tous les tribunaux d'Athènes, ceux de Rome, imitèrent cet exemple; ils rendirent aussi leurs jugemens à la majorité des suffrages : les partages furent également interprétés en faveur des accusés, parce que les partages établissant un doute, constatent une insuffisance de preuve.

Les vertus sociales ont-elles donc fait parmi nous des progrès assez rapides pour nous donner la certitude que sur un grand nombre de jurés tirés au sort, il soit moralement impossible d'en trouver *trois ou quatre* susceptibles de faiblesse, de prévention ou de séduction ? L'expérience de plusieurs années nous a malheureusement prouvé le contraire : le crime a trop souvent profité des dispositions philanthropiques du code de 1791 et de celui du 3 brumaire an 4. La majorité du jury échappera facilement à la corruption, si l'on a soin de choisir les jurés parmi les citoyens les plus intéressés au maintien de l'ordre social ; mais on ne peut donner le droit d'absolution à la *minorité* sans laisser un vaste champ ouvert à l'intrigue, et sans assurer aux grands coupables des moyens faciles d'impunité.

Le reproche le plus spécieux que l'on ait fait au jury français, c'est d'être trop favorable aux accusés, c'est-à-dire, d'absoudre fréquemment des coupables : or, si l'on fait prévaloir la minorité qui absout, sur la majorité qui condamne, n'est-il pas évident que l'acquittement des coupables deviendra plus fréquent encore ? et ne doit-on pas craindre que si cet abus est porté à l'excès, il n'entraîne l'anéantissement de l'institution ?

La seconde opinion paraît étayée sur une théorie pompeuse et séduisante, consistant à présenter la vérité judiciaire comme un point lumineux qui frappe également tous les esprits lorsqu'on la recherche avec persévérance, et qui n'est censée découverte que lorsqu'elle produit l'unanimité des suffrages. Quel avantage, quelle consolation de pouvoir déclarer à un criminel : Vous avez été accusé par *douze jurés*, et vous avez été jugé coupable par *douze autres jurés unanimes*. Cette unanimité ne laisse aucune incertitude dans les esprits, et donne aux jugemens criminels un caractère d'infaillibilité qui les rend vraiment augustes et solennels.

Mais est-il bien vrai que les vérités judiciaires soient d'une telle évidence, qu'elles soient toujours nécessairement aperçues et senties par tous ceux qui cherchent à les découvrir ! ou pour mieux dire, tous les esprits sont-ils tellement justes, clairvoyans, dégagés de préventions et de passions, que l'on puisse toujours compter sur la conviction *unanime* des jurés dans toutes les causes qui leur seront soumises ! C'est ce que je ne saurais me persuader : pour admettre l'affirmative, il faudrait supposer à l'esprit humain un degré de perfection et de rectitude qu'il n'eut jamais ; il faudrait nier l'existence des esprits faux ; il faudrait oublier que les vérités les plus constantes, les mieux établies, ont trouvé des contradicteurs de bonne foi ; que les jurisconsultes les plus célèbres, les magistrats les plus exercés, ont souvent eu des opinions diamétralement opposées sur des questions de fait et de droit, ainsi que sur la culpabilité d'un accusé, sans pouvoir se rapprocher. Ne nous laissons pas éblouir par un fol orgueil, et ne nous dissimulons pas notre propre faiblesse : les vérités judiciaires, comme les vérités morales, politiques et autres, sont facilement reconnues par le plus grand nombre de ceux qui cherchent à les découvrir, et c'est pour cela qu'en toute délibération la majorité doit prévaloir ; on peut même espérer d'obtenir souvent l'*unanimité* des suffrages, mais ce serait une témérité de l'exiger.

Je sais que l'exemple de l'Angleterre et des États-Unis semble contrarier mon assertion : les jugemens par jurés n'y peuvent être rendus qu'à l'*unanimité*, et l'on en conclut qu'il ne peut y avoir aucun inconvénient à exiger l'*unanimité.*

Cet exemple est imposant, sans doute ; cependant il ne me séduit pas. En Angleterre, comme en France, il arrive souvent que la conviction du jury sur la culpabilité ou l'innocence de l'accusé est *unanime ;* mais il peut arriver qu'elle ne le soit pas : il doit arriver quelquefois qu'il y ait deux ou plusieurs opinions contraires dans le jury, et que tous les efforts des jurés pour se convaincre réciproquement soient infructueux ; comment alors la déclaration du jury pourrait-elle être unanime ? C'est, ou parce que la minorité non convaincue cédera à la majorité par pure déférence et par respect pour la loi, ou parce que la minorité tenace subjuguera à la longue par son obstination et sa persévérance la majorité. On conçoit que, dans le premier cas, l'*unanimité* n'est que le résultat de la condescendance qui est ordinairement accordée à la majorité ; que, dans le second cas, elle n'est que l'effet de la défection, de la lassitude ou de l'épuisement qu'éprouve la majorité ; que, dans les deux cas, la déclaration est *unanime,* quoique la conviction ne le soit pas ; et qu'en dernière analyse cette théorie si vantée ne produit alors que des parjures et une *unanimité fictive.*

C'est pour prévenir ces inconvéniens que l'on a eu recours en France à la troisième méthode : l'article 33 de la loi du 19 fructidor an 5 veut que les jurés ne puissent voter pour ou contre qu'à l'*unanimité* dans les vingt-quatre heures de leur réunion ; et que si, après ce délai, ils déclarent n'avoir pu s'accorder pour émettre un vœu unanime, leur délibération passe à la *majorité absolue.*

Cette troisième méthode a plusieurs avantages : le premier, de tenter aussi la voie de l'*unanimité ;* le second, d'empêcher que la majorité ne surprenne une délibération qui n'aurait pas été mûrie par une discussion suffisante ; le troisième, de donner à la minorité le temps de développer ses motifs pour ramener, s'il est possible, la majorité, ou du moins de faire de plus amples réflexions, et d'acquérir dans la discussion de nouvelles lumières pour se rattacher à la majorité.

Mais les vingt-quatre heures exigées avant d'admettre l'avis de la majorité, forment un trop long intervalle : il arrive presque toujours qu'après avoir vainement discuté pendant quelques heures sans pouvoir se réunir, les jurés abandonnent une discussion u'ils jugent désormais inutile, et passent le reste du emps dans l'impatience ou l'inaction ; en sorte que ce délai de vingt-quatre heures fatigue les magistrats et es juges, sans profiter à la délibération.

Je pense qu'il faut conserver l'esprit de cette loi, chercher à réunir les suffrages et à obtenir l'*unanimité;* que s'il y a diversité dans les opinions des jurés, il faut bien se garder d'une dangereuse précipitation; qu'il faut, au contraire, laisser à ceux qui ont émis des avis différens, le temps nécessaire pour épuiser la discussion; mais qu'au lieu de déterminer un délai préfix de vingt-quatre heures, il faut que ce délai puisse varier suivant le plus ou le moins de difficultés que présente la cause, et le nombre plus ou moins grand de questions à résoudre; qu'on peut, sans inconvénient, charger les magistrats de fixer le délai que devra durer la délibération des jurés, dans le cas où ils ne seraient pas d'avis unanime, en telle sorte néanmoins que ce délai ne puisse jamais être moindre de cinq heures, ni être prolongé au-delà de douze, à moins que la majorité du jury ne demandât une prolongation.

Les différentes réformes que je viens de proposer et celles que j'indiquerai par la suite, ont pour base une proposition bien simple, qui est pour moi une vérité constante : c'est qu'il ne faut pour assurer le triomphe certain de l'innocence, qu'une bonne instruction et des juges impartiaux. Or ces deux conditions sont parfaitement remplies, 1.° par l'établissement de la procédure publique et orale ; 2.° par la grande latitude accordée à l'accusé de développer sa défense ; 3.° par l'établissement du jury ; 4.° par l'indépendance du jury ; 5.° par la faculté accordée à l'accusé de concourir au choix des jurés, en éloignant ceux qui pourraient exciter sa défiance : une institution qui réunit ces divers caractères, est, comme je l'ai déjà dit, le *moyen le plus voisin de l'infaillibilité, les facultés humaines ne pouvant aller plus loin.* Avec une semblable institution, l'innocence est garantie : toute autre mesure extraordinaire lui serait superflue ; elle ne tendrait qu'à favoriser le vrai coupable et à nuire à la société. Qu'il me soit permis d'emprunter encore les expressions d'un citoyen qui a joui constamment, comme jurisconsulte et comme magistrat, de la confiance et de la vénération publique. « La » loi (disait le C.^{en} Tronchet, dans un discours pro- » noncé le 5 janvier 1791, à la tribune de l'As- » semblée constituante), la loi doit la protection la » plus ample à l'innocence; mais elle doit aussi la » protection la plus entière à la société et à tous » les individus qu'elle renferme. Si la loi n'établit » que des moyens d'échapper à sa vengeance, elle » sacrifie la propriété et la vie des individus à la » scélératesse du coupable, qu'elle invite par l'im- » punité à de nouveaux forfaits. »

III.e PARTIE.

OBSERVATIONS sur la Procédure par contumace, et sur divers Articles du Code du 3 brumaire.

APRÈS avoir posé les bases de la procédure qui me paraît la plus analogue à notre organisation politique, et la plus propre à perfectionner en France l'institution du jury, je dois entrer dans quelques détails sur les poursuites à faire contre les contumax, et sur divers articles du code du 3 brumaire.

I. Le titre IX du code du 3 brumaire, qui règle la procédure par contumace, dispose (art. 464) que l'accusé qui n'a pu être saisi et qui refuse de se présenter, doit être déclaré *rebelle à la loi*, déchu du titre et des droits de citoyen français; que ses biens doivent être séquestrés au profit de la République pendant tout le temps de sa contumace; que toute action en justice doit lui être interdite pendant le même temps, *et qu'il doit être procédé contre lui malgré son absence.* Cette procédure se réduit à donner *lecture des pièces et des déclarations de témoins au jury de jugement* (art. 471), *les témoins dans ce cas ne déposant point oralement.*

Ce mode d'instruction est vicieux, d'abord en ce qu'il substitue les témoignages écrits aux dépositions orales des témoins; le froid, la monotonie d'une lecture, à la chaleur des débats [1]; qu'il prive le jury de la faculté de voir, d'entendre, de questionner les témoins; de puiser des renseignemens dans leurs yeux, sur leur visage, dans le ton de leur voix, leur manière de déposer, leur accent, leur fermeté, ou leur hésitation; d'examiner si ce langage muet est d'accord avec leurs discours; en un mot, de former leur conviction sur tous ces élémens de la déposition. Mais ce mode est plus vicieux encore, en ce qu'il est évidemment contraire à cette maxime éternelle de jurisprudence criminelle, qui prescrit de ne juger personne sans l'avoir entendu [2].

Il faut distinguer, par rapport au contumax, deux délits: celui qui a donné lieu aux poursuites judiciaires, et son refus d'obéir à justice et de répondre à l'accusation dirigée contre lui. Les lois romaines [3] ne punissaient le contumax qu'à raison de ce dernier délit. Elles ordonnaient d'abord la saisie de ses biens; et s'il laissait expirer l'année sans purger la contumace, le trésor public s'en emparait définitivement. On en usait de la même manière à Athènes. Le code des Lombards, les capitulaires de Charlemagne, renfermaient

---

[1] Leg. 3, ff. *de testibus.*

[2] *Qui statuit aliquid, parte inauditâ alterâ, æquum licèt statuerit, haud æquus fuit.* Senec.

[3] Leg. 1 et 2, ff. *de requirendis vel absent. damnandis.* — Leg. 1, 2 et 3, Cod. *de requirend. reis.* — Leg. 2, Cod. *de exhib. et transm. reis.*

des dispositions à-peu-près semblables, qui ont été adoptées en Angleterre sous diverses modifications; en sorte que, chez les anciens peuples, les contumax n'étaient punis qu'à raison de leur *désobéissance*, et nullement à raison des crimes qui leur étaient imputés. Le système contraire n'a prévalu que dans les siècles de barbarie, et on est surpris de le retrouver encore dans un code républicain.

L'accusé peut, à la vérité, paraître et se constituer prisonnier après le jugement, pour être jugé de nouveau : sa présence suffit pour anéantir le jugement, ainsi que la procédure faite contre lui, depuis l'ordonnance de prise-de-corps (art. 476). La procédure doit être recommencée à son égard dans la forme ordinaire. Mais à quoi bon faire une procédure et rendre un premier jugement qui ne peuvent jamais avoir d'exécution réelle contre l'accusé, et qui sont anéantis de plein droit à l'instant où il reparaît? Pourquoi faire intervenir un jury de jugement, lorsqu'il ne s'agit que de punir une désobéissance à justice? Pourquoi s'exposer à avoir dans la même affaire deux déclarations de jury contradictoires, l'une qui prononce la culpabilité de l'accusé, l'autre qui proclame son innocence? Pourquoi vouloir que le même tribunal criminel puisse réformer par un jugement contraire, le jugement qu'il a régulièrement rendu par contumace? N'est-ce pas enfreindre le principe qui met les déclarations du jury et les jugemens du tribunal à l'abri de la réformation, toutes les fois que les formes et la loi ont été observées !

Tous ces inconvéniens disparaissent si l'on adopte la méthode consacrée par les lois attiques, romaines, anglaises, &c. ; si l'on se rattache au principe qui ne permet pas de juger un accusé sans l'avoir entendu ; si l'on se borne à punir le contumax comme contumax, c'est-à-dire, pour sa désobéissance à la loi, et non comme coupable d'un crime dont il ne peut pas être réellement convaincu durant son absence. Que sa désobéissance soit punie par le séquestre de ses biens et par la suspension du titre et des droits de citoyen français ; qu'après l'expiration du délai de grâce, qui sera déterminé par la loi, et après que de nouvelles sommations auront été publiées, si l'accusé persévère dans sa désobéissance, il soit déclaré déchu des droits et du titre de citoyen français, et que la confiscation de ses biens soit définitivement prononcée au profit de la République : la procédure sera simplifiée, les principes conservés, et le réfractaire à la loi puni.

Peut-être que la peine de la confiscation paraîtra trop sévère ; mais une désobéissance obstinée à la justice et à la loi, est un délit grave. Si ce délit ne fut d'abord puni à Rome que par l'exil et la perte des droits attachés à la qualité de citoyen romain, c'est qu'alors cette peine était considérée comme la plus forte que l'on pût infliger, parce que le gouvernement vant, à cette époque, une tendance à la démocratie, chaque citoyen faisant partie du souverain et en exerçant immédiatement les droits dans l'assemblée du peuple, dès qu'il se trouvait proscrit de sa patrie, il était privé de ce séduisant avantage, et, pour me servir des expressions du chevalier Filangieri, « il perdait sa souveraineté et son empire ; en » quelque lieu qu'il fût, il trouvait une dépendance » d'autant plus insupportable, qu'il n'y était pas pré» paré par l'éducation, ni familiarisé par l'habitude. » Mais lorsqu'un autre gouvernement s'éleva sur les ruines de la démocratie, la qualité de citoyen romain devint moins précieuse ; la perte de cette qualité et l'exil furent des peines trop légères ; et pour rétablir une juste proportion entre le délit dont nous parlons et la peine, César fut obligé de joindre à l'exil la *confiscation des biens* [1]. Les mêmes motifs ont fait porter, en Angleterre, la même peine de la *confiscation des biens* contre l'accusé contumax, et doivent la faire établir dans tous les gouvernemens modérés, en accordant néanmoins des secours viagers à la femme, au père, à la mère de l'accusé, et une légitime à chacun de ses enfans.

Il est bien entendu cependant que l'absence ou

---

[1] *Cùm locupletes eò faciliùs scelere se obligarent, quòd integris patrimoniis exsulabant, parricidas, ut Cicero scribit, bonis omnibus, reliquos dimidiâ parte multavit.* Sueton. in Cæsare. = Dion.

On sait que *parricida* exprime l'assassin d'un homme libre.

l'évasion de l'accusé ne doivent ni empêcher ni ralentir les poursuites qui ont pour objet de constater le corps de délit, d'en découvrir l'auteur, d'en rassembler les preuves, et de vérifier s'il y a lieu à accusation ; toute la procédure qui précède la signification de l'ordonnance de prise-de-corps, peut être faite valablement hors de la présence de l'accusé, et ce n'est qu'après la signification de cette ordonnance que l'accusé peut être poursuivi par contumace, s'il refuse de paraître : c'est aussi ce que dispose le code du 3 brumaire (art. 462) ; et cette disposition se trouve encore conforme à la législation anglaise [1].

II. Le même code dispose (art. 476 et 477) que si l'accusé se constitue prisonnier, ou s'il est pris et arrêté après le jugement de contumace, les dépositions écrites des témoins décédés pendant son absence doivent être lues aux jurés, qui y ont tel égard que de raison ; en observant néanmoins que les preuves écrites ne sont point la règle unique de leurs décisions, et qu'elles ne leur doivent servir que de renseignemens.

Cette disposition est sage, mais elle n'est pas assez étendue : non-seulement il faut, en ce cas, donner lecture aux jurés des dépositions des témoins décédés, il faut encore laisser aux magistrats la liberté de donner connaissance des dépositions des témoins absens

[1] Blackstone, traduction du C.en Ludot, *page 150.*

qui ne peuvent être produits aux débats, des réponses des autres accusés ou complices du même délit qui auraient été condamnés ou absous par un premier jugement, ainsi que de toutes les autres pièces de la procédure qu'ils jugeront utiles pour parvenir à une instruction plus complète; sans quoi les réfractaires aux ordres de la justice, qui auraient subi une procédure par contumace, se trouveraient beaucoup moins exposés que les autres; ils seraient, en quelque sorte, récompensés de leur désobéissance, puisqu'une partie des preuves acquises ne pourrait leur être opposée, ni faire charge contre eux.

Supposons, en effet, que de trois individus accusés d'avoir commis un crime de complicité, il y en ait deux qui aient obtempéré à l'ordonnance de prise-de-corps, et un contumax; que les deux premiers aient fait des aveux circonstanciés dans leurs réponses, et que ces aveux, joints aux dépositions de quelques témoins, aient formé un corps de preuves suffisant pour faire déclarer au jury le délit constant et les deux premiers accusés convaincus; supposons que le troisième accusé ne soit arrêté qu'après la procédure par contumace, et que les témoins qui avaient déposé à charge, se trouvent pour lors absens pour le service de l'État, pour sa défense, ou au-delà des mers : si la loi n'autorise pas à donner lecture aux jurés, des dépositions écrites de ces témoins, ainsi que des réponses des deux premiers accusés, il est possible que l'instruction ne fournisse pas la plus légère preuve contre ce troisième accusé, quoiqu non moins coupable que les deux autres, en sorte qu son absolution sera le prix de sa désobéissance à la loi tandis que s'il est permis de donner lecture au secon jury, des pièces de la procédure que le tribunal juger nécessaires, il en jaillira des preuves qui constateront l culpabilité de ce troisième accusé, et qui nécessiteron sa juste condamnation.

L'hypothèse que je viens de poser se réalise assez souvent. Lorsqu'un crime a été commis par un grand nombre d'individus, il est rare que tous les complices puissent être traduits simultanément devant les tribunaux; les plus coupables sont ordinairement les plus soigneux de se soustraire aux poursuites de la justice; et lorsque leurs complices ont été condamnés et que les preuves sont dispersées, ils se présentent effrontément, et ajoutent à leur délit le scandale de l'impunité. Il est donc important de retirer cette faveur étrange que la loi accorde aux contumax, et d'autoriser les magistrats à faire valoir toutes les preuves qui sont acquises tant à charge qu'à décharge. Je ne connais aucun motif raisonnable de placer les réfractaires dans une position plus avantageuse que ceux qui de gré ou de force ont satisfait aux ordres de la justice.

III. Avant de terminer mes observations sur les contumax, je vais examiner deux difficultés qui se sont déjà présentées plus d'une fois, et sur lesquelles il il est important que le législateur prononce. Voici le cas de la première. Un crime ayant été commis par deux individus, l'un d'eux est d'abord arrêté ; on lui fait subir une instruction, il est mis en jugement : le jury déclare le *délit constant*, le premier accusé convaincu, et le tribunal lui applique la peine des fers. A l'égard du second accusé, comme il s'est d'abord soustrait aux poursuites de la justice, il est jugé par contumace : plusieurs années après, ce second accusé est arrêté, mis en jugement, et le jury déclare que *le délit n'est pas constant.* C'est ici que naît la difficulté : il n'est pas possible qu'un délit *soit* et *ne soit pas constant ;* il y a contradiction dans les réponses des deux jurys sur le même fait, par conséquent il y a erreur. Quel moyen faut-il employer pour prévenir cette erreur ou pour la réparer ? Les uns prétendent qu'il faut la prévenir, en retranchant de la série des questions proposées au second jury, celle qui tend à savoir *si le fait est constant ;* et ils donnent pour motif que le fait ayant été déclaré constant par un premier jury, et cette déclaration ayant été suivie d'un jugement en dernier ressort, ce point se trouve définitivement jugé et ne doit plus être mis en question ; en sorte que le second jury ne doit prononcer que sur la culpabilité ou la complicité du second accusé qui est amené devant lui. Les autres pensent qu'on peut réparer cette erreur, en faisant juger de nouveau le premier accusé qui a été condamné aux fers, ou en le faisant profiter de la décision du second jury qui a déclaré le fait *non constant.*

J'observe d'abord que les déclarations des deux jurys seront très-rarement en contradiction, si l'on donne lecture, comme je viens de le proposer, au second jury, des dépositions, des réponses et des autres pièces de la première procédure qui peuvent concourir à l'instruction, par la raison que le second jury puisera dans cette lecture des renseignemens qui pourront le ramener à l'avis du premier jury : cependant, malgré cette précaution, il est encore possible que les deux déclarations de jury paraissent contradictoires; et je ne crois pas que pour prévenir cette contradiction, on puisse se dispenser de poser au second jury une question sur l'existence du délit, ni qu'on doive opposer au second accusé la déclaration rendue contre son complice par le premier jury, parce qu'il serait inique de le priver des moyens qu'il peut avoir pour faire déclarer que *le délit n'est pas constant;* et qu'on ne peut faire valoir contre lui la déclaration du premier jury, qui lui est absolument étrangère, sans enfreindre un principe de jurisprudence adopté par tous les peuples, qui ne permet pas qu'un jugement, ni un acte quelconque, puisse nuire en aucune manière à celui qui n'y a pas été partie. Je ne crois pas non plus qu'une contradiction apparente entre la déclaration du premier jury et celle du second, soit un motif suffisant pour absoudre ou faire juger de nouveau le premier accusé, parce qu'ayant été condamné légalement par un jugement en dernier ressort, contre lequel la loi n'admet plus de recours, tout est consommé à son égard. Si le délit n'a pas paru constant au second jury, il est à présumer que les seconds débats ont fourni moins de preuves que les premiers, et c'est cette présomption légale qui doit faire considérer cette contradiction comme *apparente :* car, pour qu'elle fût réelle, il faudrait que les deux déclarations de jury fussent intervenues *in ipsissimâ hypothesi*, c'est-à-dire, sur des preuves absolument identiques ; ce qui est moralement impossible, attendu que deux débats qui ont lieu à un certain intervalle l'un de l'autre, présentent nécessairement quelques différences. Que l'insuffisance des preuves au second débat fasse absoudre le second accusé, rien de plus naturel ; mais le premier jury ayant trouvé les preuves qui ont jailli du premier débat suffisantes, et le premier accusé ayant été légalement et régulièrement jugé, la condamnation qu'il a essuyée est irrévocable. La conséquence qu'on peut déduire de ces observations, est que les deux jugemens doivent recevoir leur entière exécution.

IV. Pour l'intelligence de la seconde difficulté, je dois rappeler que lorsque le tribunal de cassation annulle un jugement d'un tribunal criminel, il renvoie le fond du procès ou devant l'un des tribunaux criminels les plus voisins, ou devant un directeur de jury, ou devant un officier de police judiciaire, autre que ceux qui ont fait la première instruction, en conformité de l'article 453 du code du 3 brumaire. Supposons qu'après le jugement du tribunal de cassation, l'un des complices du délit soit arrêté, ou qu'il se soit remis volontairement : devant quel tribunal doit-il être traduit ? devant celui dans le ressort duquel a été commis le délit, ou devant le tribunal auquel le fond du procès a été renvoyé par le tribunal de cassation ? La raison dit que les complices du même délit, compris dans le même acte d'accusation, doivent être jugés, s'il est possible, par un seul et même jugement, et que, par conséquent, lorsque le procès de l'un des accusés a été renvoyé par le tribunal de cassation devant un tribunal quelconque, tous les complices qui peuvent être arrêtés par la suite doivent y être renvoyés pour prendre part à l'instruction commune, et être jugés conjointement avec les autres ; mais il ne suffit pas que la raison le dise, il faut encore que la loi le décide formellement.

V. J'ai lu quelque part un reproche dirigé contre la plupart des législateurs des peuples modernes : on leur imputait d'avoir fait des lois comme on forge des armes, pour l'attaque, et non pour la défense. Certes ce reproche ne saurait atteindre les auteurs du code du 3 brumaire, car ils semblent être tombés dans l'extrême opposé. Ils ont inséré dans ce code, des dispositions favorables aux accusés, qu'il en est résulté, pour les ais coupables, des ressources infinies pour tromper jury, et se soustraire à la peine qu'ils ont encourue; s observations précédentes justifient cette assertion, celles que je vais ajouter la confirmeront.

Le code du 3 brumaire [1] ne permet d'entendre aux ébats, que les témoins dont les noms, professions et omiciles ont été notifiés à l'accusé vingt-quatre heures u moins avant l'examen. Ce code exige qu'il soit dévré *gratis* à l'accusé, copie des dépositions par écrit les témoins, de ses réponses, et de toutes les autres pièces de la procédure. Une loi du 19 frimaire an 8 développé cette dernière disposition, en ordonnant qu'il serait donné une pareille copie à *chacun des accusés.* Enfin, ces différentes notifications et copies sont exigées à peine de nullité.

On ne trouve aucune disposition semblable dans les lois attiques, ni dans les lois romaines. Les lois anglaises, qui sont réputées les plus favorables aux accusés, n'exigent point ces communications, par copie, de toutes les pièces de la procédure; et elles n'obligent à notifier la liste des témoins à l'accusé que dans les crimes de haute trahison [2], parce qu'une accusation de cette importance suppose un parti et des accusateurs puissans [3]. Pourquoi avons-nous donc

---

[1] Art. 319, 320 et 346.

[2] Blackstone, traduction de Ludot, *page 225.*

[3] Delolme, *tome I.er, chap. 12.*

dépassé les limites que les législateurs les plus humain ont posées et que les nations les plus sages ont adoptées.

La communication de la liste des témoins donne au coupable la facilité de les solliciter et de les séduire. La copie de la procédure le met à portée de combiner un système fallacieux de défense qui puisse concorder avec les faits les mieux établis ; il y trouve souvent le moyen de donner au mensonge toutes les couleurs de la vérité, et de faire illusion au jury. Mais celui qui n'est pas coupable, n'a pas besoin de tant d'artifice : le débat qui s'établit entre les témoins, l'accusateur et lui, en présence des jurés et du public, suffit pour manifester la vérité, et faire triompher son innocence. Ainsi ces communications, toujours superflues pour l'innocent, ne tendent qu'à favoriser le vrai coupable ; je n'en excepte que l'acte d'accusation et les procès-verbaux qui y sont annexés en conformité de la loi. Ces pièces doivent être communiquées, par copie, aux accusés, avec l'ordonnance de prise-de-corps, parce qu'il est essentiel qu'ils soient pleinement instruits de l'objet de l'accusation. Ces diverses dispositions du code sont donc susceptibles de quelques modifications.

Si l'on décide, au reste, que la communication de toutes les pièces de la procédure à chacun des accusés soit réellement utile, du moins faut-il tâcher de la rendre moins dispendieuse ; car les frais de copie sont vraiment excessifs. L'abus et la profusion sont portés à un tel point, que l'on délivre de *doubles copies*, à chacun des accusés, d'une partie des pièces, notamment des mandats d'amener et d'arrêt, des actes d'accusation, des ordonnances de prise-de-corps, &c. &c. On comprend encore dans ces copies, toute la procédure qui a été faite contradictoirement en présence de l'accusé, et dont il est censé avoir une parfaite connaissance, ensemble les pièces et formalités qui n'intéressent que ses complices. Par suite de cette profusion inconcevable, lorsqu'il se trouve plusieurs accusés dans la même affaire, il n'est pas rare de voir les frais de copie excéder huit à dix mille francs pour un seul procès [1].

Pourquoi ne substituerait-on pas à ces énormes copies la communication orale, c'est-à-dire, la lecture des pièces ! L'accusé ou les accusés seraient amenés à cet effet dans la salle d'audience ; et là, il leur serait donné publiquement lecture, par le greffier, en présence de l'un des juges du tribunal, de toutes les pièces de la procédure, autres néanmoins que celles qui auraient été faites et rédigées en présence des accusés, ou dont il leur aurait été donné copie. Les défenseurs auraient la faculté d'assister à cette lecture ; ils pourraient en outre prendre communication des pièces au greffe, sans déplacer; enfin, ils pourraient

[1] Les frais de copie, dans la cause des fausses inscriptions qui a été jugée au tribunal criminel de la Seine en thermidor an 9, se sont élevés au-delà de 16,000 francs ; il y avait dix-sept accusés.

s'en faire délivrer des copies par le greffier, aux frais des accusés, sans que cette demande de copies pût motiver le renvoi du jugement du procès. Ce mode de communication serait plus analogue à l'instruction par jurés, et diminuerait de près de moitié les frais de justice criminelle.

VI. La procédure par jurés, j'en suis déjà convenu, présente quelques inconvéniens; c'est une fatalité attachée à toutes les institutions humaines, même à celles qui approchent le plus de la perfection. L'un de ces inconvéniens prend sa source dans le penchant des jurés à partager les affections et les inspirations populaires. Voici comment William Paley, après avoir payé un tribut d'éloges à l'institution du jury, s'exprime à cet égard: « Cette imperfection se remarque » principalement dans les disputes où il intervient » quelque passion ou préjugé populaire : tels sont les » cas où un ordre particulier d'hommes exerce des » demandes sur le reste de la société, comme lorsque » le clergé plaide pour la dixme; ceux où une classe » d'hommes remplit un devoir incommode et gênant, » comme les préposés au recouvrement des revenus » publics; ceux où l'une des parties a un intérêt com- » mun avec l'intérêt général des jurés, tandis que sa » partie adverse y est opposée, comme dans les con- » testations entre les propriétaires et leurs fermiers, » entre les seigneurs et leurs tenanciers, &c.; enfin,

» ceux où les esprits sont enflammés par des discus-
» sions politiques ou par des haines religieuses. »

On remarque d'abord que cette imperfection est bien moins sensible en France qu'en Angleterre, 1.° parce qu'en France la dixme, la féodalité et les autres redevances de cette nature sont supprimées; 2.° parce que la procédure par jurés n'étant pas admise au civil, les contestations qui peuvent s'élever entre le propriétaire et le fermier, ne peuvent jamais être soumises à des jurés, non plus qu'aucune autre contestation civile; 3.° lorsqu'un département est agité par des dissensions politiques ou des haines religieuses, et qu'il s'y présente des causes sur lesquelles ces haines et ces dissensions peuvent influer, le tribunal de cassation est autorisé par la Constitution à renvoyer ces mêmes causes au tribunal d'un autre département : d'où il suit que dans ces divers cas l'épreuve par jurés n'entraîne aucun inconvénient.

Mais on ne peut pas dire la même chose des contraventions aux lois sur les contributions directes et indirectes, et des délits qui les accompagnent souvent. L'expérience prouve que les jurés sont tellement portés à l'indulgence dans les affaires de cette nature, qu'on les voit très-fréquemment acquitter ceux dont la culpabilité est évidente [1].

---

1 Si l'on voulait rechercher la cause de cette extrême indulgence, on la trouverait peut-être dans la somme excessive des contributions, qui sont tout-à-la-fois onéreuses et incommodes

Le seul moyen de remédier à cet abus est de ne point employer la procédure par jurés, quand il s'agit de punir les délits de cette nature, notamment la contrebande, les infractions aux lois sur le droit de passe, sur les octrois, la fabrication et l'usage des faux timbres et des faux poinçons, ainsi que les violences et les révoltes qui accompagnent quelquefois ces infractions, &c.; de les attribuer au tribunal correctionnel, et, par appel, au tribunal criminel; de statuer que les jugemens sur ces matières ne pourront être rendus en première instance que par cinq juges, et en instance d'appel par sept [1], lorsque le délit sera de nature à être puni d'une peine excédant la compétence

---

pour les contribuables. Toutes les puissances de l'Europe, depuis Charles VII, s'étant assujetties à entretenir des armées nombreuses, même en temps de paix, il en est résulté la nécessité de multiplier les impôts. Peut-être qu'un jour le perfectionnement du système politique donnera au Gouvernement français la facilité de les diminuer considérablement; ils seront alors acquittés sans murmure; il y aura moins de fraude, et moins d'indulgence pour les fraudeurs. Mais jusqu'à ce que cette diminution (qui ne doit être que le résultat d'une réforme universelle) puisse s'effectuer, les contributions sont indispensables pour la sûreté et la prospérité de la République; il faut donc employer des moyens efficaces pour en assurer la perception, et pour punir les infractions aux lois qui y sont relatives.

1 Pour compléter le nombre de cinq ou de sept juges, les membres du tribunal s'adjoindront des suppléans ou des citoyens pris dans la liste générale des jurés, suivant le mode qui sera déterminé pour juger les affaires de cette nature quand il s'en présentera.

ordinaire du tribunal correctionnel ; et de n'excepter de cette attribution que les délits emportant la peine capitale, qui doivent toujours être soumis à l'épreuve du jury, soit qu'ils aient été commis par des fraudeurs, contrebandiers ou par tout autre.

Je puis étayer encore la proposition que je fais à cet égard, sur l'usage de l'Angleterre : tous les procès qui ont pour cause des contraventions aux lois de l'*excise*, et des autres branches de revenus publics, sont instruits et jugés par les juges de paix et par les commissaires préposés à cet effet, suivant une procédure appelée *procédure sommaire, sans l'intervention des jurés* [1].

VII. Je dois parler encore d'un autre inconvénient. Lorsque plusieurs délits connexes ont été commis, la loi veut qu'ils soient insérés dans le même acte d'accusation [2]; mais lorsqu'ils sont très-nombreux, leur accumulation nécessitant un grand nombre de témoins et de questions, il doit en résulter une complication très-embarrassante pour les jurés, notamment pour ceux qui ne sont pas doués d'une bonne mémoire. Ainsi, par exemple, si une bande de huit à dix scélérats est accusée d'avoir commis, de complicité, plusieurs vols, plusieurs faux en écritures, d'avoir fabriqué de la fausse monnaie, &c. les jurés étant

---

[1] Blackstone, traduction de Ludot, *liv. 1.er, ch. 3.*

[2] Art. 233 et 234 du code du 3 brumaire.

obligés de délibérer simultanément sur tous les crimes et sur tous les accusés, et de passer sur le tout une seule déclaration, ne seront-ils pas exposés à s'égarer dans le dédale des questions qui leur seront proposées, et à confondre les faits ou les individus! Pour faire disparaître ce danger, il suffira d'autoriser le tribunal à diviser, quand il le jugera nécessaire, les débats et la délibération des jurés. Le C.en Thouret, qui a jeté la plus vive lumière sur l'instruction par jury, avait proposé lui-même cet expédient : « Lorsque les » chefs d'accusation sont multipliés, on peut procéder » sur chaque chef à part, comme s'il s'agissait d'au- » tant de procès séparés. »

La loi ne défend pas expressément d'employer cette méthode dans les affaires extrêmement compliquées ; mais son silence ne saurait suffire, lorsqu'il s'agit d'un point de forme. Si l'on pense que cette méthode puisse être utile, il faut qu'elle soit autorisée par une disposition positive ; et voici comment cet objet pourrait être rempli. Il faudrait déclarer que, lorsqu'un procès serait compliqué par un grand nombre d'accusés et de délits, le tribunal pourrait, s'il le jugeait nécessaire, établir les débats d'abord sur un ou plusieurs délits, entendre le commissaire, l'accusé, résumer le débat par l'organe du président, poser les questions relatives à cette première partie de l'accusation, et faire délibérer le jury ; on passerait ensuite à la discussion d'un ou de plusieurs autres délits sur lesquels le jury délibérerait également, et ainsi de suite jusqu'à la fin; bien entendu que le tribunal ne pourrait interrompre cette instruction pour s'occuper d'aucune autre affaire, avant le jugement définitif; que les réponses du jury ne seraient pas lues en présence du tribunal et du public, séparément, à la fin de chaque délibération partielle, mais qu'il n'en serait fait qu'une seule lecture générale, lorsque tous les débats seraient épuisés. En employant cette méthode, la mémoire et l'attention des jurés seraient extrêmement soulagées, puisqu'ils n'auraient jamais à délibérer que sur un petit nombre de délits; leurs réponses aux questions seraient partiellement arrêtées et convenues, et cependant ils pourraient y revenir pour les changer ou les modifier jusqu'à la fin de tous les débats, dans le cas où les suites de l'instruction les feraient changer d'opinion sur leurs premières délibérations; enfin l'unité d'instruction et de jugement ne serait pas rompue.

VIII. On est surpris, en parcourant le code du 3 brumaire, de voir qu'il n'y a été pris aucune mesure pour empêcher que les jurés ne soient séduits par une défense artificieuse et mensongère. Cette loi autorise les défenseurs à *questionner chaque témoin*, à *dire tant contre lui personnellement, que contre son témoignage, tout* ce qu'ils jugent à propos; à ne développer leurs moyens de défense que lorsque les débats sont finis, et après que le commissaire du Gouvernement et le plaignant ont parlé, afin que les défenseurs *aient toujours la parole les derniers* [1]. Ils ne sont assujettis à aucune règle; ils ne sont contenus par aucune limite, si ce n'est par leur propre moralité. Le code de 1791 les soumettait, à la vérité, *à prêter serment de n'employer que la vérité, et à s'exprimer avec décence et modération* [2]; mais il semble qu'on ait voulu les affranchir de cette dernière obligation par le code du 3 brumaire [3], en n'exigeant de leur part qu'une simple *promesse de n'employer que la vérité* dans la défense des accusés.

La latitude extrême que ces dispositions laissent aux défenseurs, donne lieu à de fréquens abus. Les uns se livrent aux calomnies et aux outrages les plus sanglans contre les témoins qui déposent à charge; et si l'on veut les rappeler à l'ordre, ils répondent qu'ils tiennent de la loi le droit de dire *contre la personne de chaque témoin*, tout ce qu'ils jugent utile à la défense. D'autres épuisent toute l'adresse, toute la subtilité de la chicane pour détruire la conviction qui est résultée du débat; ils atténuent les preuves, rapportent avec infidélité les dires des témoins, altèrent les faits les plus constans, professent de faux principes, tirent de fausses conséquences; et lorsqu'ils jugent ces moyens

---

[1] Art. 353 et 370 du code du 3 brumaire.

[2] Titre VII, art. 13.

[3] Article 342.

nsuffisans pour égarer les jurés, ils cherchent à les séduire ; ils ont alors recours à toutes les ressources de l'art oratoire, à tous les prestiges de l'éloquence pour les émouvoir, et pour arracher de leur sensibilité une absolution que la raison, la justice et l'intérêt social les auraient empêchés de prononcer.

Que peut-on espérer ensuite du résumé que le président est chargé de faire après le débat ! S'il entreprend de réfuter les erreurs et les sophismes du défenseur, il sort de son caractère, qui lui prescrit une sorte d'impartialité ; et sa réfutation produit d'autant moins d'effet, qu'un résumé n'est pas susceptible d'être embelli par des mouvemens oratoires comme la plaidoirie. S'il se borne à une froide analyse, les impressions récentes produites par la défense fallacieuse, prévalent, ou du moins elles laissent dans l'ame des jurés un trouble, une incertitude qui tournent en faveur de l'accusé ; et c'est ainsi que les plus grands coupables obtiennent souvent l'impunité.

Ce n'est pas d'aujourd'hui que l'on a senti la nécessité de parer à cet inconvénient : les anciens Égyptiens n'admettaient que la défense par écrit, afin que les juges ne fussent émus ni par les inflexions touchantes de la voix, ni par les charmes de la déclamation, ni par les autres ressources de l'art oratoire ; les Chinois ont toujours employé la même précaution ; à Sparte, on accordait la parole au défenseur, mais sous la condition expresse que sa plaidoirie serait simple et laconique; à Athènes, l'Aréopage interdisait aux défenseurs l'exorde et les digressions, et les obligeait à ne parler que le langage austère de la vérité et de la justice; un héraut leur rappelait cette obligation avant qu'ils prissent la parole, et il leur imposait silence s'ils y manquaient.

Si les juges qui composaient le tribunal auguste de l'Aréopage, si les magistrats de la Chine, d'Égypte et de Sparte redoutaient à ce point les artifices des défenseurs, pense-t-on qu'il soit moins important d'en garantir les jurés, qui ont communément moins d'expérience que les juges inamovibles? Ils sont plus faciles à émouvoir par les affections de l'ame, et sur-tout par les sentimens d'indignation ou de pitié. Les Anglais furent d'abord si vivement frappés de ce danger, qu'ils crurent ne pouvoir conserver l'institution du jury qu'en interdisant la parole aux défenseurs, à moins que les débats ne présentassent une question de droit à décider [1]. Dans la suite, cette méthode leur

[1] Blackstone, traduction de Ludot, *chap. 10*, *page 232*. J'ai sous les yeux le procès de *Mylord Priston*, qui fut jugé aux assises d'*Old Baily* en 1691, et j'y vois qu'il ne put jamais parvenir à faire accorder la parole à ses avocats, quoiqu'il fût accusé du crime de *haute trahison*. Les juges répondirent à ses diverses interpellations, tantôt que les choses sur lesquelles il demandait à faite entendre ses avocats, étaient *claires*, *évidentes*, *sans difficultés*; tantôt, qu'il ne s'agissait que d'éclaircir des *points de fait*, et non de traiter un *point de loi*; qu'ainsi on ne pouvait accorder la parole aux défenseurs.

ayant

ayant paru peu conforme aux principes d'humanité qui servent de base à leur procédure criminelle, ils adoptèrent un tempérament qui m'a paru concilier la liberté de la défense avec l'indépendance du jury. Ce tempérament consiste à accorder la parole à ceux qui doivent parler, soit dans le sens de l'accusation, soit dans celui de la défense, avant l'ouverture du débat; à les autoriser à faire ensuite aux témoins, à mesure qu'ils sont produits, les interpellations qu'ils jugent nécessaires, et à n'entendre, après les dépositions des témoins, que le résumé du magistrat.

Pourquoi n'adopterions-nous pas cette théorie aussi simple qu'ingénieuse ? Qu'après la lecture de l'acte d'accusation, le commissaire du Gouvernement et le plaignant exposent leur plan d'accusation; que l'accusé développe, immédiatement après, son système et ses moyens de défense, ou qu'il les fasse développer par son défenseur : les jurés auront dès-lors une connaissance entière de l'attaque et de la défense; ils seront en état d'apprécier les dépositions des témoins, et de profiter du débat. Le commissaire, le plaignant, l'accusé et son défenseur pourront encore, pendant le débat, questionner les témoins, dire contre eux et contre leurs témoignages ce qu'ils jugeront nécessaire, sans néanmoins se permettre aucune calomnie : mais il ne sera entendu aucune plaidoirie après l'audition des témoins; et la discussion sera terminée par le résumé du président.

En procédant ainsi, l'ordre naturel de la discussion sera rétabli ; car il ne faut pas perdre de vue que le ministère des jurés se bornant à déclarer si les faits renfermés dans l'acte d'accusation sont vrais, ou s'ils ne le sont pas, pour mettre les jurés en état de faire une bonne déclaration, il suffit de leur faire connaître successivement l'accusation, la défense et les preuves. Si l'on intervertit cet ordre, si les débats précèdent les plaidoiries, il pourra arriver, ou que les preuves ne seront pas suffisamment senties, parce qu'à l'instant du débat les jurés ne pourront les adapter ni à l'accusation ni à la défense, dont ils n'auront pas encore une entière connaissance, ou que les impressions légères produites par les preuves seront effacées par les impressions plus récentes des plaidoiries; tandis que si les plaidoiries précèdent le débat, tous les artifices dont il pourra être fait usage, soit pour appuyer l'accusation, soit pour soutenir la défense, cesseront d'être dangereux, parce qu'ils seront facilement dissipés par les lumières qui jailliront du débat; le développement des preuves effacera successivement les illusions des plaidoiries, et ne laissera dans l'esprit des jurés que les impressions de la vérité.

Les autres imperfections du code du 3 brumaire ont été relevées par le tribunal de cassation dans les observations qu'il a présentées au Gouvernement; les corrections dont plusieurs articles de ce code sont susceptibles, y ont été développées avec toute la sagacité qu'on devait attendre d'un tribunal qui donne sans cesse des preuves d'une vaste érudition, d'une profonde sagesse et du civisme le plus éclairé. Il serait superflu de les répéter ici : d'ailleurs, le plan qui m'est tracé, ne me permet pas de m'engager dans les détails; si les bases que je viens d'exposer étaient adoptées, il serait facile de faire ensuite concorder la partie réglementaire avec les bases.

Qu'il me soit permis, en finissant, d'exprimer mes regrets de ce qu'on ne s'est point occupé en France des moyens de prévenir les délits, c'est-à-dire, de détourner les individus suspects, des crimes qu'ils sont soupçonnés de vouloir commettre. Les Anglais, pour remplir cet objet, ont adopté l'usage des *cautions* ou *garanties de conduite.* On y a recours lorsque des indices font craindre un délit : l'individu qui a menacé ou manifesté l'intention de le commettre, peut être contraint à se présenter en justice, pour s'engager à ne commettre aucun désordre, et pour souscrire, *conjointement avec un ou plusieurs garans*, une obligation conditionnelle envers le fisc, d'une somme déterminée; cette obligation conditionnelle reste nulle et sans effet si le garanti remplit ses soumissions; s'il les viole, les signataires sont poursuivis en paiement de l'obligation, indépendamment de la poursuite criminelle qui doit avoir lieu contre l'auteur du délit. On place, par ce moyen, celui qui est mal intentionné, sous la surveillance de ses proches et de ses amis, qui étant intéressés à le détourner du crime et à le ramener à la vertu, ne manquent jamais d'employer les moyens les plus propres à gagner sa confiance, à calmer ses passions et à diriger sa conduite. Je ne sais si je m'abuse ; mais je suis convaincu que si on eût introduit en France cette institution morale, si on l'eût accommodée à nos usages, on aurait prévenu beaucoup de crimes.

Il existe une lacune bien plus importante encore dans nos lois criminelles : elles n'ont porté aucune peine contre le calomniateur, ni contre le faux accusateur ; en sorte qu'un malveillant qui serait convaincu d'avoir dénoncé par pure méchanceté son ennemi qu'il savait innocent, de lui avoir fait subir les sollicitudes et les angoisses d'une procédure criminelle, d'avoir provoqué contre lui une peine capitale, ne serait passible d'aucune punition. Nos lois criminelles récompensent le dénonciateur dans certains cas, et elles ne le punissent dans aucun.

Enfin, en réformant le code du 3 brumaire, on sentira la nécessité d'imprimer aux tribunaux criminels le caractère le plus auguste, 1.° en choisissant les magistrats qui doivent les composer, parmi les jurisconsultes les plus distingués ; 2.° en les faisant tourner avec les membres des tribunaux d'appel, pour les préserver de l'endurcissement que produit l'aspect hideux et journalier des forfaits, et qui conduit quelquefois à la cruauté ; 3.° en leur accordant des honoraires proportionnés à l'importance de leurs fonctions, et qui les mettent en état d'en soutenir la dignité; 4.° en les décorant d'un costume imposant, et en les environnant de tout ce qui peut rappeler sans cesse à la multitude qui se porte à leurs audiences, la haute considération qui leur est due : c'est ainsi que, chez les anciens, les jugemens criminels étaient rendus au milieu du plus grand appareil, et que les fonctions de magistrats ne pouvaient être remplies que par les premiers fonctionnaires de la république.

Je ne fais au reste qu'indiquer ces lacunes et ces réformes, sans entrer dans aucun développement, parce qu'elles n'ont qu'un rapport indirect avec l'institution du jury, unique objet de ce Mémoire.

Delolme a peint par un seul trait les avantages de l'institution du jury, en disant : « Un homme qui aurait encouru l'inimitié des plus puissans de l'État, — que » dis-je ! celui qui se serait attiré, comme un autre Vatinius, la détestation unanime de tous les partis, pourrait, sous la protection des lois, et en se contenant » dans les bornes qu'elles prescrivent, continuer de » défier ses ennemis et toute la nation » . . . Si l'on pouvait encore révoquer en doute la supériorité de la liberté civile sur l'indépendance naturelle, on en trouverait la preuve dans cette phrase; car si l'individu dont parle Delolme était parmi des sauvages *indépendans*, ou il éprouverait les funestes effets de leur malveillance, ou il serait obligé, pour s'y soustraire, de s'enfoncer dans la profondeur des forêts, tandis que, chez un peuple libre, il vivra, sous la protection des lois, au milieu de ses ennemis avec autant de sécurité qu'au sein de sa famille : toute la force publique sera employée au besoin pour le garantir des violences particulières, et cette force publique ne pourra jamais être tournée contre lui, s'il n'est déclaré coupable par un *jury légal.* La liberté civile est donc préférable à cette indépendance absolue, autant que le droit l'est à la force et la justice à l'arbitraire. Or le seul moyen de fixer parmi nous la liberté civile, est de perfectionner l'institution du jury. Ne soyons donc pas surpris que cet important objet ait fixé l'attention de tous ceux qui sont animés d'un patriotisme pur et éclairé ; que, tandis que la classe des sciences morales et politiques de l'institut excitait par un concours général les écrivains à la recherche de la meilleure théorie pour perfectionner cette sublime institution, le tribunal de cassation offrît le tribut de son expérience, et que le Gouvernement chargeât des jurisconsultes célèbres du soin de préparer, de mûrir cet ouvrage, qui doit mettre le sceau à la félicité publique. Ce concours généreux de volontés, de talens et de lumières, présage le plus heureux succès. Puissent les vérités que j'ai rassemblées dans cet écrit, servir de fanaux pour éclairer la carrière qu'il s'agit de parcourir !

FIN.

NOTES.

(A) Les juges de fait, chez les Athéniens et les Romains, étaient de vrais jurés. En effet, à Athènes, la qualité de juge n'était ni une charge ni une magistrature, mais un privilége, un droit attaché au titre de citoyen ; pour pouvoir l'exercer, il suffisait d'être *âgé de trente ans*, d'avoir *une bonne moralité*, et de ne *rien devoir au trésor public :* tout citoyen qui réunissait ces trois conditions, pouvait et devait même se présenter pour remplir les fonctions de juge ; le sort décidait tous les ans dans quel tribunal il devait les exercer.

Ces tribunaux étaient au nombre de dix, sans compter l'aréopage, le sénat des cinq-cents et l'assemblée du peuple, qui avaient certaines attributions particulières. Chacun de ces dix tribunaux était présidé par l'un des archontes.

Celui qui avait une plainte à former devait s'adresser à l'un des archontes, qui lui donnait action, désignait un tribunal, tirait au sort, et convoquait les juges ou jurés : lorsqu'ils étaient rassemblés, l'archonte les présidait, dirigeait l'instruction et les débats ; mais sa voix ne concourait pas au jugement. Les juges, pendant qu'ils siégeaient, avaient en main une espèce de sceptre qui était la marque de leur dignité : ils le déposaient en sortant pour prouver que cette dignité n'était qu'instantanée. Quand la cause était instruite et plaidée, l'huissier apportait deux urnes, l'une d'airain, l'autre de bois ; on remettait à chacun des juges deux cailloux plats, l'un blanc et l'autre noir ; les juges jetaient dans l'urne d'airain le caillou blanc pour absoudre, le caillou noir pour condamner, et dans l'urne de bois le caillou dont ils ne voulaient pas faire usage. Voyez *Aristot.*

lib. II, cap. 2; = *Demosth. in Aristogit. et in Midâ; Plut. in Solon.* = *Poll.* lib. VIII, cap. 10, §. 122; = *Ulpian. in Horat.*; = l'abbé *Auger*, Traité de la jurid. et des lois d'Athènes.

A Rome, après l'expulsion des rois, les consuls s'emparèrent d'abord du droit de punir; mais ils en furent dépouillés par la loi *Valeria*, et par celles des *douze tables*. On établit dans la suite des tribunaux fixes, appelés *quæstiones perpetuæ*: chaque question était présidée par un préteur ou par un questeur, et composée des juges du fait, dont le nombre variait suivant la nature des causes, depuis trente jusqu'à soixante, et quelquefois au-delà. Ces juges étaient tirés au sort sur une liste de quatre cent cinquante citoyens que le préteur renouvelait tous les ans; ce tirage au sort se faisait en présence des parties, qui récusaient tous ceux qui leur paraissaient suspects; et lorsque la liste de quatre cent cinquante était épuisée par les récusations, le préteur ou questeur ajoutait un supplément de liste, sur lequel on continuait à tirer, jusqu'à ce que le nombre de juges nécessaire pour former la *question* fût complet. Ces juges étaient appelés *selecti judices*, et quelquefois *jurati*, parce qu'ils étaient tenus de prêter serment; après avoir entendu les débats et délibéré entre eux, ils statuaient sur la cause qui leur était soumise, en jetant dans une urne la lettre initiale qui exprimait leur jugement. La lettre A. signifiait *absolvo*; C. *condemno*; N. L. *non liquet*: cette dernière formule donnait lieu à un plus amplement informé. Quelquefois ils émettaient leur opinion publiquement lorsque l'accusé préférait les suffrages publics aux suffrages secrets.

Les fonctions du préteur ou du questeur consistaient à faire l'instruction, convoquer les juges, présider le tribunal, diriger les débats et préparer le jugement, à donner son vis sur les points de droit qui pouvaient s'élever, à dépouiller le scrutin, à prononcer l'absolution ou la condamnation d'après la majorité des suffrages, et à appliquer la loi au fait qui était déclaré constant. On peut consulter sur cette procédure, *Pomponius*, leg. II, §. 16, ff. *de orig. jur.*; = *Sigonius, de judiciis*, lib. II; = *Ascanius*; = *Valer. Maxim.* lib. I, cap. 8; = *Cicero pro Cluentio.*

Il est aisé de voir que les juges de fait, *judices selecti*, étaient de vrais jurés, c'est-à-dire, des citoyens appelés pour juger une seule cause, dont le ministère ne durait que le temps nécessaire pour rendre le jugement, et qui rentraient immédiatement après dans la classe d'où ils avaient été tirés; Blackstone y trouve la plus grande analogie. *Liv. III, chap. 23 du Tome V, page 162*, traduction de M. D. G... édit. de Bruxelles.

Les Romains étaient si satisfaits de cette manière d'administrer la justice, que leurs poëtes n'ayant rien pu imaginer de plus parfait, feignirent que les ombres étaient jugées dans les enfers par une espèce de jury, c'est-à-dire, par des juges dont les noms étaient tirés au sort; que Minos et Éaque y remplissaient seulement les fonctions de *questeur*, en faisant l'instruction, en tirant les juges au sort, en les envoyant délibérer, en recevant ensuite leur déclaration, et en prononçant le júgement. Il m'a paru curieux de trouver l'institution du jury jusque dans les enfers; c'est ainsi qu'il faut entendre ces vers du VI.ᵉ livre de l'Énéide:

Nec verò hæ sine sorte datæ, sine judice sedes.
Quæsitor Minos urnam movet : ille silentum
Conciliumque vocat, vitas et crimina discit.

La plupart des annotateurs et des traducteurs se sont trompés sur le véritable sens de ces vers; ils ont considéré

Minos comme juge unique et souverain, ne remuant l'urne que pour appeler les causes par la voie du sort : c'est ainsi que Servius, Pomponius, Sabinius, le P. la Rue, l'abbé Desfontaines, les quatre Professeurs et plusieurs autres ont expliqué ce passage, faute de bien connaître le code criminel des Romains, auquel le poëte a voulu faire allusion; mais des scholiastes plus érudits, Sigonius, Ascanius, le docteur Heyne et quelques autres en ont donné le véritable sens : ils ont remarqué que le poëte n'a donné à Minos que la qualité de *quæsitor*, questeur, et non pas celle de juge souverain; qu'il ne lui a assigné que les fonctions de questeur; *urnam movet*, il agite l'urne qui renferme les noms des juges, pour les tirer au sort; *silentum concilium vocat*, il cite les ombres, il appelle les juges à délibérer (*concilium* est le mot technique qu'on employait pour exprimer la conférence que les juges avaient entre eux avant de donner leur scrutin); *vitasque et crimina discit*, il fait une instruction sur la conduite et sur les crimes qui sont imputés aux ombres. On peut consulter le Virgile de Heyne, *tom. II, édition de Leipsic*: son *excursus II* sur le VI.[e] liv. *de judicibus in infer.* renferme une explication de ce passage, aussi savante que curieuse.

Le C.[en] Millin, dans son excellent Dictionnaire portatif de la fable, dernière édition de l'an 9, rédigé avec le plus grand soin et d'après les meilleures autorités, a adopté l'explication du docteur Heyne. Je trouve ce passage au mot *Minos* : « Les poëtes romains emploient ces juges conformément à » leur code criminel. Dans le sixième chant de l'Énéide, » Minos est représenté comme questeur; il remue l'urne selon » l'usage romain de choisir les juges par le sort, non pas, » comme le veut Servius, pour apprendre la décision par » le sort. Le même reçoit ensuite l'accusation et les dépositions des témoins, envoie les juges pour délibérer, et les » fait porter leur jugement, &c. »

Properce fait également remplir les fonctions de questeur à Éaque :

Det pater huic umbræ mollia jura meæ :
Aut si quis positâ judex sedet Æacus urnâ,
In mea sortitâ vindicet ossa pilâ.
Assideant fratres ; juxtà Minoia sella, et
Eumenidum intento turba severa foro.
Lib. IV, eleg. 11, v. 18.

L'instruction par jurés était aussi en usage chez tous les anciens peuples libres du Nord, en France, en Allemagne, en Suède, en Angleterre; son origine se perd dans la nuit des temps : mais cette institution a cessé par-tout où la liberté a disparu. Il est à remarquer qu'elle s'était maintenue en Suède jusque vers le milieu du dix-septième siècle. Quand on a voulu la supprimer, les jurés ont été établis à vie, et ont obtenu un salaire en conséquence. Dès-lors on conçoit que les jurés n'en ont plus eu que le nom, et que l'institution a été définitivement perdue. Blackstone, qui écrivait avant la révolution de 1772, observe à ce sujet, « que quoique » l'autorité royale ne soit nulle part aussi étroitement limitée » qu'en Suède, les libertés des communes y sont pourtant » éteintes, et que le gouvernement s'y trouve insensiblement » dégénéré en pure aristocratie. Il est donc essentiellement » du devoir d'un citoyen qui aime son pays, ses amis, sa » postérité et lui-même, de maintenir autant qu'il est en » lui cette précieuse constitution dans toute sa vigueur, de » la rétablir dans son ancienne splendeur, au cas qu'elle » vienne à recevoir quelque atteinte par la différente valeur » des propriétés; ou, si elle s'écartait de sa première insti- » tution, de la ramener au plutôt; sur-tout de se tenir scru- » puleusement en garde contre l'introduction de méthodes » nouvelles et arbitraires d'*examen*, qui, sous une infinité

» de prétextes plausibles, pourraient, avec le temps, miner » imperceptiblement ce précieux conservatif de la liberté. »

(B) Tous les publicistes ont exprimé les dangers qu'il y avait à laisser le droit de punir à la disposition ou à l'influence du pouvoir exécutif. Delolme, dans son excellent ouvrage sur la constitution anglaise, a fait à ce sujet une observation très-judicieuse : c'est que le danger est moins grand sous un gouvernement despotique que sous un gouvernement modéré. Je ne puis me défendre de rappeler ici ses propres expressions :

« Mais dans un État où ces exécuteurs des lois trouvent à chaque pas des obstacles, leurs passions, même les plus fortes, sont continuellement mises en jeu ; et cette portion de la force publique qui est entre leurs mains l'instrument qui doit assurer à l'État la tranquillité, devient facilement une arme très-dangereuse.

» Et pour ne prendre d'abord que le cas le plus favorable, supposons celui d'un prince qui a en tout les intentions les plus droites ; supposons encore qu'il ne prête jamais l'oreille aux suggestions de ceux qui ont intérêt de le tromper : mais il sera sujet à erreur ; et cette erreur, qui, je le veux encore, ne viendra que de son attachement au bien public, pourra néanmoins le conduire à agir comme s'il avait des vues tout opposées.

» Dans les occasions qui se présentent, et il s'en présente souvent, de faire le bien de l'Etat en passant par-dessus les règles, rassuré d'un côté par la droiture de ses intentions, et, de l'autre, n'étant pas naturel qu'il emploie beaucoup de sagacité à découvrir les conséquences fâcheuses d'actes dans lesquels sa vertu même fait qu'il se complaît, il ne verra point que pour obtenir un avantage présent, il donne atteinte aux lois qui font la sûreté de la nation, et que ces actes, si ouables quand on regarde à leur principe, ouvrent la brèche par laquelle doit un jour entrer la tyrannie.

» Bien plus, il ne comprendra pas même les plaintes qu'on pourra lui faire; insister dessus, lui paraîtra la chose la plus injurieuse; l'amour-propre, peut-être sans qu'il s'en doute, viendra se mettre de la partie; il poursuivra avec chaleur ce qu'il a commencé de sang froid; et si les lois n'y ont pas pourvu, il pourra être de bonne foi, et traiter comme ennemis de l'État, des hommes dont tout le crime sera ou d'avoir plus de lumières que lui, ou d'avoir été dans une meilleure position pour juger de l'effet des choses.

» Mais c'est faire beaucoup d'honneur à la nature humaine, de supposer que ce cas, d'un prince qui n'a jamais l'intention d'augmenter sa puissance, soit un cas bien ordinaire. L'expérience atteste, au contraire, que les caractères les plus heureux ne résistent pas à la tentation du pouvoir : il n'a de charmes qu'autant qu'il met en état d'aller plus loin; et l'autorité détestant jusqu'à l'idée des liens, ne cesse de s'agiter qu'elle ne s'en soit enfin affranchie.

» Renverser ouvertement toutes les limites, et se porter tout-à-coup pour maître absolu, sont des choses que nous avons dit être impraticables : mais, d'un autre côté, les pouvoirs de la nation, qui bornent celui du prince, ne peuvent avoir d'effet qu'autant qu'ils sont mis en jeu par des particuliers; tantôt c'est un citoyen qui, par la publicité et la force de ses plaintes, ouvre les yeux de la nation; tantôt c'est un membre actuel du corps législatif, qui propose une loi pour remédier à un abus de l'autorité : ce sera donc contre les particuliers que le prince va porter tous ses efforts (et par le prince j'entends tous ceux qui, avec quelque titre et dans quelque gouvernement que ce soit, sont à la tête des affaires).

» Il le fera même d'autant plus sûrement, que, suivant

l'erreur ordinaire à ceux qui gouvernent, il croira que l'opposition qu'il éprouve, quoique générale, ne tient qu'à une ou deux têtes; et au milieu des calculs qu'il fera, d'un côté de la petitesse de l'obstacle qui se présente à surmonter, et de l'autre, de l'avantage décisif, de l'unique coup qu'il croit avoir à frapper, il sera excité par le désespoir de l'ambition, qui se voit sur le point d'échouer, et par la plus violente de toutes les haines, je veux dire celle qu'a précédée le mépris.

» Dans la supposition que je fais toujours d'une nation véritablement libre, des procédés militaires ne sont pas des choses auxquelles le prince puisse seulement penser; une telle violation du pacte social, jointe à l'horreur du moyen, le mettrait à coup sûr en danger : mais, d'un autre côté, comme il a juré de réussir, à défaut d'autres ressources il jettera toute son activité du côté des moyens que la loi lui a laissés, de déployer la force publique; et si elle n'a pas pourvu, pour ainsi dire, à tout, il fera servir le peu de précautions qu'elle aura prises à couvrir ses injustices; il se portera avec force vers son but particulier en parlant sans cesse du bien général, et détruira les défenseurs de la loi, à l'abri des formes qu'elle a présentées.

» Il y a plus : indépendamment des maux présens qu'il pourra faire, si la législation ne s'interpose pas à temps, les coups frapperont sur la constitution elle-même; et la consternation venant à être générale, chacun se trouvera enchaîné, dans un État qui aura toutes les apparences d'être libre.

» Non-seulement la sûreté du citoyen, mais celle de l'État lui-même, exigent donc les plus grandes précautions dans l'établissement de la puissance nécessaire, mais si redoutable, d'infliger des peines. La première à prendre, celle même sans laquelle il est impossible d'en prévenir les dangers, c'est qu'elle ne soit jamais laissée à la disposition ni même à l'influence de celui qui est le dépositaire de la force publique.

» Une autre précaution indispensable, c'est que cette puissance ne soit pas placée non plus dans le corps législatif; et cette précaution, si nécessaire dans tout État, l'est bien davantage lorsqu'il n'y a qu'une petite partie de la nation qui ait une part actuelle au pouvoir législatif, &c. » *Tome I.er, chap. 11.*

(c) POURQUOI, en effet, cette institution ne pourrait-elle pas nous convenir! N'est-il pas universellement reconnu que de toutes les procédures judiciaires, la procédure par jury est la plus parfaite! Le peuple français est-il donc dépravé au point que ce qui est essentiellement bon, ne puisse lui convenir! Les uns supposent que le caractère français est trop léger: celui des Athéniens était-il plus grave! Les autres prétendent que le Français est trop corrompu : la corruption a-t-elle fait moins de progrès chez les Anglais! D'autres, enfin, supposent que le peuple français n'est pas assez instruit: mais les autres peuples qui ont joui de l'institution du jury, l'étaient-ils davantage! qu'on en juge par les anciens peuples du Nord, par les Anglais du temps de la grande charte, &c. Cette obstination de quelques personnes à repousser l'institution du jury, me paraît avoir beaucoup de rapport avec l'entêtement stupide de certains agriculteurs qui emploient leurs vieilles et mauvaises routines, non moins pénibles que dispendieuses, de préférence aux nouvelles méthodes, simples et faciles, qui procurent une fertilité plus grande et plus assurée dans les champs de leurs voisins. Mais, pour mieux faire sentir toute la bizarrerie de l'esprit humain, qu'il me soit permis d'opposer à ces prétendus républicains qui redoutent l'établissement du jury en France, l'autorité de l'autocrate de toutes les Russies, Catherine II, proposant elle-même, et de son pur mouvement, de faire généreusement le sacrifice d'une partie de sa puissance, pour établir l'institution du jury dans ses vastes États. Il me semble que rapprocher le despote qui veut établir une institution libre, du citoyen qui la refuse sous les prétextes les moins fondés, c'est présenter un contraste assez piquant. Voici ce qu'on trouve dans les instructions que Catherine II fit remettre en 1768 à la commission chargée de dresser le projet d'un nouveau code de lois *(édition de Saint-Pétersbourg, de l'imprimerie de l'Académie des sciences, 1769)*, instructions auxquelles on assure qu'elle a travaillé en personne.

Art. 126. « Il faut que, dans les grandes accusations, le criminel, concurremment avec la loi, se choisisse des juges ; ou du moins qu'il en puisse récuser un si grand nombre, que ceux qui restent soient censés être de son propre choix.

127. » Il faudrait même que quelques-uns des juges fussent de la condition de l'accusé, ou de ses pairs, pour qu'il ne puisse pas se mettre dans l'esprit qu'il soit tombé entre les mains de gens portés à lui faire violence. Les lois militaires en fournissent déjà l'exemple.

180. » C'est donc une loi très-utile, là où elle est établie, que celle qui prescrit que tout homme soit jugé par ses pairs, &c.

182. » Il est encore très-juste qu'un accusé puisse récuser un certain nombre de ses juges qui lui sont suspects. Dans une nation où l'accusé jouit constamment de ce droit, le coupable paraîtra se condamner lui-même. »

(D) Si cette proposition avait besoin d'autorités, j'en pourrais citer beaucoup. Je me contenterai de rapporter encore un des articles des instructions de l'impératrice Catherine II,

Catherine II à la commission législative qu'elle avait créée.

Art. 179. « Dans la recherche des preuves d'un délit, il faut de l'adresse, de l'habileté ; il faut de la précision et de la clarté pour exprimer le résultat de cette recherche : mais, pour juger d'après ce résultat même, il ne faut que le simple bon sens, qui guide plus sûrement que tout le savoir d'un juge accoutumé à vouloir trouver par-tout des coupables. »

(E) Si vous confiez le droit de punir à des fanatiques religieux, vous établirez l'*inquisition ;* si vous l'accordez à des particuliers entièrement dévoués et dans une dépendance absolue de ceux qui gouvernent, vous aurez une ou plusieurs chambres étoilées ; si vous le faites exercer par des fanatiques en démagogie, vous renouvellerez les tribunaux révolutionnaires ; ainsi des autres. Par la même raison, si vous voulez que le pouvoir judiciaire concoure au maintien de l'ordre social, n'en confiez l'exercice qu'à ceux qui sont personnellement intéressés à le conserver sans altération.

(F) Il est à propos de distinguer les délits qui blessent les lois de la nature, que les jurisconsultes appellent *mala in se,* de ceux qui ne blessent que le système politique, ou les lois sociales d'un certain peuple, qui sont seulement *mala prohibita :* les premiers offensent tous les hommes en général, non pas parce qu'ils sont de telle ou telle nation, mais par cela seul qu'ils sont hommes ; en sorte que les étrangers, comme les naturels d'un pays, paraissent intéressés à punir un assassinat, ou tout autre crime de la même nature : mais il n'en est pas de même des délits du second ordre, *mala prohibita.* Personne n'ignore que ce qui est licite à Paris, est un crime à Londres ; que ce qui est permis à Constantinople, est un crime à Paris; *et vice versâ.* Serait-il prudent de charger un Français qui se trouverait sur les côtes de Barbarie, d'exercer le droit de punir sur un esclave chrétien qui aurait tenté de briser ses chaînes; de confier à des Italiens qui voyageraient en Angleterre, l'application des statuts *præmunire* contre des papistes; de faire juger à Paris les prévenus de *bigamie*, par des Turcs ou par d'autres Orientaux qui admettent la polygamie! &c. &c. &c. Il est évident que ces divers délits ne blessent que les lois particulières de la société ou de la nation qui les a adoptées : ils ne doivent être jugés que par des citoyens membres de la même société, soumis aux mêmes lois, et intéressés à maintenir leur exécution. Montaigne *(Essais, tome III, ch. 13)* rapporte que » certains peuples emploient pour tout juge en leurs causes, » le premier passant qui voyage le long de leurs montagnes : » mais il a soin d'observer que ces peuples *ne sont soumis qu'aux lois de la nature.*

Cependant le tribunal de cassation a pensé « qu'il serait » digne de la loyauté française de donner aux étrangers jugés » en France la plus parfaite garantie de l'impartialité des » jugemens, et de les mettre à l'abri de l'influence de tous » les préjugés nationaux. Ce serait sans doute une faveur » d'accorder aux étrangers l'avantage du jugement par jurés, » qui n'est dû qu'aux citoyens français : mais il est digne de » notre législation d'en faire jouir tous ceux qui viennent » habiter la terre de la liberté; et l'on proposerait d'y ajouter » une autre faveur encore, ce serait d'ordonner que trois sur » les huit jurés d'accusation, cinq sur les douze jurés de » jugement, un sur les trois adjoints, seront pris parmi les » étrangers, soit de la même nation que les prévenus, soit » d'une autre *. » On ne peut qu'applaudir à la première

* Observations, §. 2, *page 10.*

partie de cette proposition qui paraît dictée par la sagesse et l'humanité. Que l'on fasse jouir les étrangers de l'avantage du jugement par jurés, il ne saurait y avoir aucun inconvénient : mais il n'en est pas ainsi de la seconde partie de la proposition ; on ne peut faire entrer des étrangers dans le jury sans violer le principe que je viens d'établir. Les étrangers qui sont sur le territoire de la République, sont certainement obligés de se conformer aux lois prohibitives ; s'ils y contreviennent, ils sont passibles des peines portées par ces mêmes lois : mais ils ne sont pas tenus de concourir activement au maintien du système social, soit en remplissant les fonctions publiques, soit en faisant le service militaire, &c. puisque ce système social leur est totalement étranger ; ne pouvant jouir des priviléges accordés aux citoyens français, on ne peut les contraindre à en supporter les charges ; on ne peut les soumettre à prêter le serment *d'être fidèles à la constitution*, puisque cette constitution ne les engage à rien, et qu'ils ne l'ont pas acceptée ; par conséquent ils ne peuvent remplir en France les fonctions de jurés. Les étrangers n'ont d'ailleurs aucun intérêt à réprimer les infractions qui peuvent être portées à un pacte social qui n'est pas fait pour eux, notamment celles qui ne blessent que les lois politiques et sociales, *mala prohibita* ; il peut même arriver qu'ils aient un intérêt réel à les laisser impunies : je me contenterai d'en citer un exemple. Je suppose qu'un étranger, *faisant la contrebande*, ait *opposé des violences et voies de fait aux dépositaires de la force publique agissant légalement dans l'ordre de leurs fonctions pour s'opposer à l'introduction des marchandises prohibées* ; n'est-il pas évident que les étrangers à qui la contrebande est avantageuse, auront un intérêt direct à laisser ce délit impuni ? Si donc on faisait entrer des étrangers dans la composition du jury qui serait chargé de prononcer sur un semblable délit, il en résulterait que l'accusé étranger serait plus favorisé que l'accusé républicole, puisque le premier serait certain de trouver parmi ses jurés des membres qui non-seulement n'auraient aucun intérêt à réprimer le délit dont il serait prévenu, mais qui auraient un intérêt contraire. Et que serait-ce donc si l'on rétablissait l'art. 403 du code du 3 brumaire, qui fait prévaloir trois suffrages qui acquittent, sur neuf qui condamnent (comme on l'a proposé) ! n'est-il pas évident que les étrangers qui commettraient des délits, *mala prohibita*, seraient à-peu-près certains de l'impunité ! Peut-être objectera-t-on qu'en Angleterre l'étranger peut demander que le jury soit composé moitié d'étrangers et moitié de régnicoles, *medietate linguæ ;* mais nous ne devons pas imiter les Anglais dans leurs erreurs législatives : d'ailleurs ce mode a moins d'inconvéniens en Angleterre, où la déclaration du jury doit être prise à l'*unanimité*, qu'il n'en aurait parmi nous où l'unanimité n'est pas de nécessité absolue.

(G) Le statut III de George II, chap. 25, a encore admis tout tenancier à bail pour le terme de cinq cents ans absolus, ou pour tout terme déterminable à vie, du rapport annuel de 20 livres sterling par année clair et net au-delà de la rente réservée (Blackstone, *tome V, page 157*). Si cette espèce de bail était admise en France, je ne verrais aucune difficulté à admettre aux fonctions de jurés les tenanciers, toutes les fois que la durée et l'importance du bail constateraient l'intérêt que nous cherchons.

(H) La liste générale était, à la vérité, présentée par l'autorité administrative : mais cette autorité, totalement étrangère à l'ordre judiciaire, mettait si peu d'importance à cette opération, que je n'ai pas vu de liste qui ne contînt les noms d'un grand nombre de citoyens incapables, aux termes des lois, de remplir les fonctions de jurés, soit parce qu'ils n'avaient pas atteint l'âge requis, soit parce qu'ils exerçaient des fonctions incompatibles avec celles de jurés, soit parce qu'ils étaient faillis ; j'ai même vu porter sur ces listes, les noms de citoyens morts depuis plusieurs années. Puisque les rédacteurs de ces listes n'étaient pas plus attentifs sur les qualités essentielles exigées par les lois, je laisse à penser s'ils avaient beaucoup d'égard au plus ou moins de moralité de ceux qu'ils inscrivaient sur la liste.

(1) J'INVITE ceux qui trouveraient ce nombre de *cent* trop considérable, d'observer, 1.° qu'à Rome chaque accusé avait à choisir sur la liste générale de quatre cent cinquante, et que lorsqu'elle était épuisée, on ajoutait encore un supplément de liste. 2.° Quoiqu'en Angleterre la liste ne contienne que quarante-huit jurés, il arrive cependant quelquefois que l'accusé choisit sur plus de cent. En effet, il peut d'abord rejeter la liste dans son entier : si sa récusation est admise, il faut qu'on lui en présente une seconde de quarante-huit, sur laquelle il peut encore exercer une récusation péremptoire de trente-cinq jurés, sans aucun motif, indépendamment des récusations motivées qu'il peut former contre les treize jurés restans. Ces récusations motivées peuvent donner lieu à la formation d'un *tales* ou supplément de liste, d'où il suit que lorsque l'accusé épuise toutes les récusations possibles d'après la loi, il est vrai de dire qu'il choisit sur plus de cent. 3.° Si le tableau que l'on présentera à l'accusé est moins nombreux, il en résultera qu'après avoir exercé ses récusations, il ne restera qu'à-peu-près le nombre de citoyens nécessaire pour composer le jury; que dans ce cas l'accusé les connaîtra, qu'il aura la facilité de les circonvenir, et que l'on retombera dans l'inconvénient que l'on cherche à éviter.

(K) SAUF dans le cas où la loi autorise les poursuites par la voie d'information: ce qui n'a lieu que pour certains délits du second ordre; car toutes les fois qu'il s'agit d'un délit capital, la loi constitutionnelle veut que l'accusation soit préalablement admise par le grand jury. (Blackstone, traduction de Ludot, *chap. 6, page 132.*)

(L) ON ne saurait douter que ceux qui ont le droit de caractériser le délit ne soient le plus souvent les maîtres de la cause. Supposons en effet qu'un particulier soit prévenu d'avoir publié un pamphlet et tenu des propos indiscrets contre le Gouvernement; qu'un autre soit mis en jugement pour avoir provoqué et maltraité un citoyen : si ceux qui ont le droit de caractériser le délit veulent perdre les deux accusés, ils le pourront facilement, en qualifiant le premier délit de conspiration contre l'État, le second d'attaque à dessein de tuer. Si au contraire ils veulent favoriser celui qui se serait rendu coupable d'une véritable attaque à dessein de tuer, ils le pourront encore, en qualifiant ce délit de simple rixe. Dans toutes les tentatives de crime, si le jury n'est interrogé que sur les circonstances matérielles du fait, et que le droit de qualifier le délit soit réservé aux magistrats, ils pourront à leur gré déclarer que les circonstances reconnues par le jury sont suffisantes ou qu'elles ne le sont pas pour caractériser la tentative ; et par conséquent ils pourront absoudre ou condamner arbitrairement l'accusé, &c. &c. Je sais que la moralité des magistrats peut servir de garantie contre les abus de cette nature; mais si le législateur se fût contenté de cette garantie, aurait-il institué le jury ! peut-on supposer que son intention, en appelant les jurés aux jugemens criminels, a été de leur faire jouer un rôle passif et ridicule !

(M) EN Angleterre, il est constant que c'est le jury qui prononce sur le point de droit lorsqu'il se trouve confondu avec le point de fait. Voici comment Delolme s'exprime à cet égard, *tome I.er, ch. 12 :* « Lorsqu'enfin l'assemblée des » jurés est formée, et qu'ils ont prêté le serment, le procès » est dit être ouvert... L'accusé a un conseil qui l'aide non-» seulement dans la *discussion du point de droit,* qui peut » se trouver compliqué avec le fait, mais aussi dans l'éclair-» cissement du fait lui-même... L'un des juges prend la » parole, et fait une récapitulation de tout ce qui s'est » allégué d'essentiel ; il établit aux jurés ce qui constitue » précisément l'état de la question, et il leur donne son opi-» nion non-seulement sur le fait, mais sur le *point de droit,* » qui peut servir à *les diriger dans leur décision...* opinion qui » n'a de poids qu'autant que les jurés veulent lui en donner. » Mais de plus, *leur déclaration doit porter aussi sur le point* » *de droit qui se trouve immédiatement joint au fait,* c'est-» à-dire qu'ils doivent établir et l'existence d'un certain » fait, et donner la raison qui le rend contraire à la loi. » Cela est même si fort requis, qu'un bill d'accusation doit » absolument avoir ces deux choses pour objet, &c... On » a si fort pour maxime qu'une assemblée de jurés doit » décider et *du fait* et *du crime qui y est attaché,* que si » un recueil de suffrages n'avait pour objet que la simple » réalité du fait à la charge de l'accusé, le juge ne pourrait » à cause de cela infliger aucun châtiment. Ainsi, dans le » cas de Woodfall, qui avait été accusé d'avoir imprimé les » lettres de Junius au roi, les jurés prononcèrent *coupable* » *d'avoir imprimé et publié seulement ;* ce qui fit que le pri-» sonnier fut absous. » Le même auteur, *tome II, ch. 12,* fait encore mieux ressortir le motif pour lequel Woodfall fut acquitté. « C'est aux jurés, dit-il, à décider et le point » de droit et le point de fait ; c'est-à-dire, à déclarer si

» un tel écrit a été réellement composé ou publié par un » tel, si c'est bien contre un tel qu'il s'adresse, et si ce » qu'il contient est criminel. »

Blackstone (traduction de Ludot, *chap. 10, page 246*) observe, sur le point de droit, que « les jurés ont recours » à une déclaration spéciale, *quand le point de droit tient* » *leur esprit en suspens ;* ils prennent alors le parti de s'en » rapporter à la prudence du tribunal sur l'objet de leur » indécision : ce n'est pas qu'ils n'aient incontestablement » le *droit d'apprécier tous les rapports sous lesquels on* » *peut envisager un fait*, et de n'énoncer qu'une déclara- » tion générale, &c. »

(N) AINSI, en dernière analyse, la seule différence qu'il y ait entre le système que j'émets et celui que je combats, c'est que, suivant mon opinion, le tribunal ne doit statuer sur le point de droit, c'est-à-dire, sur le caractère du délit, que lorsqu'il lui est expressément renvoyé par le jury; tandis que, suivant l'opinion contraire, le caractère du délit lui serait expressément attribué, ou du moins il pourrait le retenir quand il le jugerait à propos : cette différence me paraît d'une grande importance.

(O) JE dis qu'il faut réduire les questions au nombre strictement nécessaire, 1.° parce qu'en fait de procédure, il faut, autant qu'il est possible, économiser le temps, supprimer les longueurs et simplifier la marche. 2.° La loi dispose expressément qu'elle *ne demande pas compte aux jurés des moyens par lesquels ils se sont convaincus ;* et la raison en est bien simple : leur déclaration ne pouvant être ni réformée ni cassée par aucune autorité, toute explication de leur part sur les moyens et sur les circonstances qui ont opéré leur conviction, serait évidemment superflue; il est donc inutile de les interroger à cet égard. 3.° Il ne faut pas perdre de vue que la position des questions ne tend qu'à obtenir des jurés des réponses catégoriques qui puissent mettre les magistrats en état d'appliquer la peine portée par la loi. Pour remplir cet objet, il suffit que le jury s'explique sur l'existence du délit simple, sur la culpabilité de l'accusé, sur la moralité ou l'intention, sur chaque circonstance aggravante ou atténuante; toute question étrangère à ces différens points est évidemment superflue, et ne tend qu'à jeter de l'embarras et de la confusion dans l'esprit des jurés, à les fatiguer, et à leur faire perdre un temps précieux.

(P) DES jurisconsultes instruits pensent que cette théorie est vicieuse, et que les diverses questions que j'ai données pour exemple sur la *bigamie*, la *complicité*, l'*émission de fausse monnaie*, la *rebellion*, la *tentative de crime*, &c. sont COMPLEXES : leur opinion me persuade que je me suis mal exprimé, et que je dois ajouter quelque développement à mes observations pour les rendre plus intelligibles.

L'art. 377 du code du 3 brumaire dispose « qu'il *ne peut* » *être posé aucune question complexe.* »

Comment faut-il entendre cette disposition de la loi? Quel est le genre de *complexité* qu'elle prohibe? Quel est le degré de *simplicité* qu'elle exige?

Le législateur a-t-il voulu prescrire la *simplicité philosophique*? c'est-à-dire, a-t-il voulu que l'on posât une question sur chaque idée, sur chaque perception simple et élémentaire, en faisant abstraction de ses qualités et de ses attributs; que l'on posât ensuite une question sur chaque qualité ou attribut de l'idée ou de la perception première, et que la totalité de l'acte d'accusation fût soumise à ce mode d'analyse? Cette supposition est absurde: le législateur n'a pu vouloir établir un mode impraticable qui exigerait autant et plus de questions que l'acte d'accusation ne contiendrait de mots ; il n'a pu vouloir qu'on employât à l'égard des jurés le procédé dont se sert le citoyen Sicard pour l'instruction de ses élèves : ce n'est point ainsi qu'il faut expliquer la disposition du code *qui défend de poser des questions complexes.*

Le législateur a-t-il seulement prétendu défendre la *complexité grammaticale ?* c'est-à-dire, a-t-il voulu que chaque question ne contînt que le rapport simple d'un *sujet* avec son *attribut*, sans aucune autre modification ? a-t-il voulu que chaque circonstance exprimée dans l'acte d'accusation fît la matière d'une question ? S'il s'agit, par exemple, d'un vol avec effraction, l'acte d'accusation contiendra sans doute le détail des mesures prises par les coupables pour préparer le délit, du jour, du lieu, de l'heure de son exécution ; il désignera tous les objets volés ; il expliquera le nombre d'effractions, leur nature, les faits qui ont suivi le délit, la manière dont il a été découvert, &c. &c. S'il s'agit d'un assassinat, l'acte d'accusation rendra compte des motifs qui ont pu porter les coupables à ce crime, des menaces qu'ils peuvent avoir faites, des mesures qu'ils ont prises, des embûches qu'ils ont dressées, de toutes les particularités de la catastrophe, du nombre de coups dont la victime a été frappée, de la conduite ultérieure des accusés, &c. &c. Faudra-t-il, pour éviter la complexité, poser des séries de questions sur chacune de ces circonstances particulières ? Mais cette méthode aurait à-peu-près le même inconvénient que la première, puisque pour s'y conformer il faudrait traduire en questions la totalité de l'acte d'accusation. Et quel pourrait être le motif de cette multiplicité effrayante de questions ? de forcer le jury à faire connaître tous les élémens de sa conviction ? Mais la loi déclare *qu'elle ne demande pas compte aux jurés des moyens r lesquels ils se sont convaincus :* cette méthode n'est donc plus raisonnable ni plus admissible que la précédente. Dira-t-on que pour diminuer le nombre de questions ı pourra élaguer les circonstances de peu d'importance, ɒur ne consulter le jury que sur les *circonstances principales* u fait qui constitue le délit! Et comment distinguer les cirɔnstances principales de celles qui ne le sont pas ! Ne seıit-ce pas ouvrir un vaste champ à l'arbitraire ! D'ailleurs :s circonstances s'enchaînant les unes avec les autres, ne ɔnt-elles pas toutes essentielles dans la recherche de la ·érité ! N'arrive-t-il pas souvent que celle qui paraît la ıoins importante, forme en quelque sorte la clef de la voûte, :t porte la conviction dans l'ame du jury ! Quel danger ı'y aurait-il pas à détourner de l'attention du jury plusieurs circonstances, sous le prétexte qu'elles sont moins importantes que les autres !

Ces réflexions bien simples me semblent prouver jusqu'à l'évidence que ce n'est point dans les définitions grammaticales ou philosophiques des mots *simple* et *complexe* qu'il faut chercher l'explication de l'art. 377 du code du 3 brumaire : voyons si nous ne trouverons pas cette explication dans les autres dispositions de la loi.

Et d'abord, il ne faut pas perdre de vue les motifs qui ont déterminé le législateur français à s'éloigner des méthodes attique, romaine, anglaise, et à exiger que l'on proposât plusieurs questions au jury. Voici comment il s'en est expliqué lui-même * : « Il y aurait de l'inconvénient à ne » pas guider les jurés dans la position des questions qu'ils » doivent se proposer... Ce n'est au reste qu'une méthode » analytique pour obtenir du jury des réponses catégoriques » sur des questions nettement posées. »

* Instruction qui accompagna le code criminel de 1791.

Après avoir ainsi exposé la raison qui lui a fait admettre l pluralité de questions, le législateur a eu soin d'en déter miner l'ordre et l'objet dans les art. 373, 374 et 375 du cod du 3 brumaire.

Art. 373. « Le président, au nom et de l'avis du tribunal » pose *toutes les questions qui résultent tant de l'acte d'accusa-* » *tion* que des débats, et que les jurés doivent décider.

374. » La première question tend *essentiellement* à savoir si » le *fait qui forme l'objet de l'accusation* est constant ou non ;

» La seconde, si l'accusé est ou non convaincu de l'avoir » commis ou d'y avoir coopéré.

» Viennent ensuite les questions qui, sur la moralité du » fait et le plus ou le moins de gravité du délit, résultent de » l'acte d'accusation, de la défense de l'accusé ou du débat...

375. » Dans les délits qui renferment des circonstances » indépendantes les unes des autres, comme dans une » accusation de vol, pour savoir s'il a été commis de nuit, » avec effraction, par une personne domestique, avec réci- » dive, &c. les questions relatives à ces circonstances sont » présentées chacune séparément *. »

Le législateur ajoute presque immédiatement : « Il ne peut » être posé *aucune question complexe.* »

L'instruction qui fut publiée avec le code criminel de 1791, ne laisse aucune équivoque sur le sens de ces divers articles. Le législateur y rappelle « qu'avant de chercher » l'accusé et le coupable, les jurés doivent examiner si » le délit est constant ; car en vain chercherait-on un » coupable s'il n'existait pas de délit.

» Ainsi ils délibéreront d'abord sur l'existence matérielle » du fait qui avait constitué le corps du délit.

* Ces articles sont conformes, sauf rédaction, aux articles 20, 21 et 27 du titre VII du code criminel de 1791.

» Après avoir reconnu l'existence du fait, ils délibéreront ensuite sur l'application de ce fait à l'individu accusé, pour reconnaître s'il en est l'auteur.

» Enfin ils examineront la moralité du fait, c'est-à-dire, les circonstances de volonté, de provocation, d'intention, de préméditation, qu'il est nécessaire de connaître pour savoir à quel point le fait est coupable, et pour le définir par le vrai caractère qui lui appartient.

» La première question à laquelle doivent répondre les » jurés, porte donc sur l'existence du fait qui est l'objet » de l'accusation. S'il s'agit d'un assassinat, d'un incendie, » d'un faux, l'existence d'un tel fait est toujours facile » à séparer des autres idées accessoires, telles que celles » de l'auteur du crime, et des intentions dans lesquelles » il a été commis. L'inspection du cadavre, de la maison » brûlée ou de la pièce falsifiée, rend la preuve de ces » faits absolument complète, indépendamment des notions » ultérieures sur le nom du coupable et sur les motifs qui » l'ont fait agir. »

Il résulte bien évidemment de ces dispositions, que l'on ne doit poser des questions ni sur chaque idée élémentaire, ni sur chaque circonstance particulière du fait, puisque la première question doit comprendre le fait qui forme l'objet de l'accusation tout entier, c'est-à-dire, le corps du délit, abstraction faite seulement de ce qui est personnel à l'accusé, de son intention, des circonstances de moralité et autres qui peuvent rendre le fait principal plus ou moins criminel. La seconde question a pour objet la culpabilité de l'accusé; les suivantes, l'intention, la moralité du fait, et les autres circonstances qui peuvent donner lieu à une peine plus ou moins grave.

Ces dispositions bien entendues, il est facile d'en faire l'application. Supposons que *Titius* soit accusé d'avoir assassiné

Sempronius. Je commence par décomposer cette accusation dans le sens de la loi : *Titius* est accusé d'avoir *volontairement* et *avec préméditation* homicidé *Sempronius.* Cette phrase exprime, 1.° le corps de délit, c'est-à-dire, l'homicide de *Sempronius ;* 2.° le nom du prévenu *Titius ;* 3.° deux circonstances de moralité, *volontairement* et *avec préméditation.* Pour poser la première question, je fais abstraction de la culpabilité de l'accusé, des deux circonstances de moralité, et il me reste le délit simple, c'est-à-dire, l'homicide de *Sempronius,* pour former l'objet de la première question ; je la pose ainsi : *A-t-il été commis un homicide sur Sempronius ?* et je passe ensuite aux autres questions en suivant la même méthode.

Voici un second exemple. *Mævius* est accusé d'avoir exposé de la fausse monnaie à la circulation : la loi exige, pour qu'il y ait délit, qu'il soit constaté qu'il s'agit de *monnaie nationale ayant cours, contrefaite,* et que l'accusé a eu *connaissance qu'elle était contrefaite.* Pour poser la première question, je fais encore abstraction de ce qui est personnel à l'accusé, et de la moralité de l'action, c'est-à-dire, du point de savoir s'il a agi sciemment, et j'interroge ainsi le jury : *A-t-il été exposé à la circulation de la monnaie nationale ayant cours, contrefaite ?*

La première question, dans ce dernier exemple, comme dans le précédent, n'est point complexe, parce qu'elle ne tend qu'à constater le corps de délit ; qu'elle ne porte que sur un délit simple, c'est-à-dire, sur un délit au premier degré de pénalité, dégagé de la culpabilité, des circonstances de moralité, &c. ; parce qu'enfin on peut y répondre par *oui* ou par *non.* Si le jury décide qu'une seule des idées élémentaires de cette question est fausse, comme, par exemple, s'il juge que l'objet exposé à la circulation est une simple médaille et non de la monnaie, ou que c'est de la monnaie, mais qu'elle n'est pas nationale, ou que 'est une ancienne monnaie nationale qui n'a plus cours, ou enfin que cette monnaie n'est pas contrefaite; dans ces divers cas le jury répondra *non*, parce qu'il n'y aura point de délit. Ce n'est que dans le cas où le jury sera convaincu que la question est vraie dans toutes ses parties, qu'il répondra *oui.*

L'article 377 du code du 3 brumaire s'explique donc de la manière la plus simple et la plus naturelle, par la disposition des articles qui le précèdent immédiatement, et par l'instruction de 1791. Le législateur ayant précisé, dans les articles 374 et 375, les points sur lesquels le jury doit s'expliquer distinctement, a ajouté dans l'article 377, *qu'il ne doit être posé aucune question complexe;* c'est-à-dire qu'il ne faut point confondre dans la même question les différens points sur lesquels le jury doit répondre séparément, d'après les art. 374 et 375.

D'où il résulte bien évidemment que toute question qui confondrait plusieurs délits ou plusieurs accusés, ou le fait avec l'auteur, ou le fait avec l'intention, ou le fait avec une circonstance de moralité aggravante ou atténuante, ou l'auteur avec l'intention ou avec l'une desdites circonstances, ou plusieurs circonstances de moralité, ou plusieurs circonstances aggravantes ou d'atténuation, serait complexe, puisqu'il pourrait arriver que le jury ne pourrait pas répondre par *oui* ou par *non;* mais que, hors de ces cas, la loi n'admet aucune complexité.

Je viens de raisonner dans le sens de la loi du 3 brumaire, et je persiste à penser qu'en réformant cette loi, on peut réduire le nombre des questions, et par conséquent les cas de complexité.

FIN DES NOTES.